Brustkrebs stand nicht auf meiner Agenda

Anna-Kathrin Pacak

Bibliografische Information der Deutschen Nationalbibliothek:
Die Deutsche Nationalbibliothek verzeichnet diese
Publikation in der Deutschen Nationalbibliografie;
detaillierte bibliografische Daten sind im Internet
über http://dnb.dnb.de abrufbar.

brustkrebsstandnichtaufmeineragenda@web.de

Herstellung und Verlag:
BoD – Books on Demand, Norderstedt

ISBN: 978-3-759704443

Inhaltsverzeichnis

Für Laila und Stefan

1.0. DIAGNOSE

Donnerstag, der 15.10.2021 – der Tag, der alles veränderte,

der unser Familienleben auf den Kopf stellte und dazu führte,

dass nichts mehr war wie zuvor.

Ungeduldig verharrte ich auf der Couch und erwartete den

Anruf meiner Ärztin. Mir war übel und ich schaffte es kaum,

mich abzulenken. Als das Telefon endlich klingelte und ich

nervös abnahm, war der Moment da, vor dem sich jeder

Mensch fürchtet, und ein Augenblick, den man nie wieder

vergisst. Ich hatte Krebs.

So wie die meisten Menschen sich daran erinnern, was sie am

Tag des Mauerfalls getan haben oder wo sie sich zum Zeit-

punkt des Terroranschlags am 11.09.2001 befanden, werde

ich nie vergessen, wie es sich anfühlte, als ich an diesem

Nachmittag in unserem Wintergarten saß und diese Nachricht

erhielt. Mit diesem Telefongespräch änderte sich von einer auf

die andere Sekunde mein bisheriges Leben. Ich war nach au-

ßen hin gefasst, als die Ärztin mir das Biopsie-Ergebnis mitteilte. Sie erklärte mir, es handele sich dabei um eine sehr aggressive Form eines Mamma-Karzinoms. Prognostisch gesehen aber immerhin die bessere Variante der Brustkrebs-Arten. Ich spürte einen Hauch von Erleichterung, als ich davon erfuhr.

Im Detail handelte es sich um einen invasiv duktalen Tumor, HER 2 negativ, Luminal B mit einer proliferativen Aktivität von 62 %. Das invasiv duktale Mamma-Karzinom hat seinen Ursprung in den Milchgängen und ist mit 75 % das häufigste Karzinom der Brust. Anders ausgedrückt, war ich eine von zehn Frauen, die im Laufe ihres Lebens und im Alter von unter 45 Jahren an Brustkrebs erkrankten.

Ich funktionierte in diesem Moment, war nicht hysterisch oder am Boden zerstört, sondern bewahrte Haltung gegenüber der Dame, die nun zwangsläufig meine (Arzt-)Freundin werden würde. Meine erste Frage, ob eine Chemotherapie vonnöten wäre und ob ich dabei meine Haare verlieren würde, wurde leider bejaht. Ich liebte meine schönen blonden Haare und wusste instinktiv, dass diese Tatsache eine der größten Herausforderungen für mich werden würde.

Während ich geschockt von meinem Sessel aus die Bäume in unserem Garten anstarrte, erklärte mir die Ärztin weiter, dass, auch wenn die langfristigen Aussichten mit dieser Art von Brustkrebs die besseren waren, man jetzt schnell „die harte Keule schwingen" müsste und eine Chemotherapie zwingend erforderlich wäre. Man erhoffte sich damit, den Tumor und eine mögliche Verbreitung der Krebszellen in weiteren Organen zu stoppen. Die Einzelheiten würden wir aber in der darauffolgenden Woche im Brustzentrum persönlich besprechen. An diesem Tag wollte sie mir nur den vorläufigen Befund telefonisch mitteilen und mir übers Wochenende Zeit geben, den ersten Schock zu verdauen. Wir beendeten das Telefonat, und noch immer saß ich wie angewurzelt in unserem Wintergarten. Mein Mann, der das Gespräch als Zuhörer mitbekam, nahm mich anschließend in den Arm und versuchte mich zu beruhigen, aber natürlich stand auch ihm die Angst ins Gesicht geschrieben. Noch nicht mal das Weinen klappte, wie es sollte, der Schock saß einfach zu tief und ließ mich sprachlos da sitzen. Immer wieder an diesem Abend schossen die Worte der

Ärztin in mein Gedächtnis und ein kalter Schauer überzog meinen Körper. Die schlimmsten Befürchtungen der letzten drei Wochen hatten sich bewahrheitet, und die Angst bezüglich der eigenen Endlichkeit war allgegenwärtig.

Unsere Welt stand für die nächsten Tage kurz still.

Dieses Wochenende galt es durchzustehen und mit dieser Angst und Ungewissheit irgendwie umzugehen. Es fühlte sich an, als wäre jemand gestorben, aber es war kein jemand, es war unser altes Leben, welches an diesem Tag beendet worden war. In dieser Zeit weinte ich in der Nacht, ich weinte am Tag, und ich versuchte verzweifelt, Halt zu finden. Meine Seele schrie nach Geborgenheit, allein sein war in diesem Moment pures Gift für mich, und so vergingen diese Tage in der Nähe meiner Familie und enger Freunde. Die wichtigste Erkenntnis an diesem Wochenende war, dass dir die Angst niemand nehmen kann, sie aber durch Gespräche mit lieben Menschen erträglicher werden kann.

Am darauffolgenden Montag im Brustzentrum besprachen wir die weiteren Schritte sowie den bevorstehenden Behandlungsplan. Alles lief gefühlt wie im Film ab. Zwischendurch ertappte ich mich dabei, wie ich damit haderte, dass gerade ich hier saß und solche Sachen gesagt bekam.

Vier Wochen vor meinem 40. Geburtstag, danke, das wäre doch nicht nötig gewesen, du „Arschloch" in meiner Brust! Als ob ich nicht schon genug mit diesem Geburtstag zu kämpfen gehabt hätte, denn ich befand mich mental seit geraumer Zeit in einer Sinn- bzw. Lebenskrise zog Resümee über mein bisher geführtes Leben. Was hatte ich bis dato erreicht, was war das überhaupt wert, sollte ich daran etwas ändern, oder sollte ich alles so belassen, wie es war? Vielleicht war es aber auch nur die anhaltende Corona-Pandemie oder die instinktive Vorahnung durch die vorausgegangen Untersuchungen in den letzten 6 Monaten. Seit circa einem halben Jahr begleitete mich immer mal wieder ein Stechen in der rechten Brust, welches für ein paar Sekunden anhielt, bevor es wieder verschwand. Daraufhin unterzog ich mich einer Mammografie Untersuchung, bei der nichts festgestellt werden konnte. Da die Ärzte meine geschilderten Symptome aber Ernst nahmen veranlassten sie eine weitere Untersuchung 3 Monate später. Diese erfolgte Anfang Oktober 2021 und bei dieser entdeckte man den Tumor in meiner rechten Brust. Eigentlich hatte ich geplant meinen runden Geburtstag gebührend zu feiern, ich wollte mir, bevor ich von dem Ding in meiner Brust erfuhr die Polarlichter in Norwegen anschauen. Stattdessen war ich nun gezwungen einen Kampf gegen den Krebs zu führen und mich die meiste Zeit im Krankenhaus aufzuhalten.

Nach der ausführlichen Untersuchung der Gewebeprobe in der Pathologie und der Diskussion im Tumorkonferenz-Gremium stand der Behandlungsplan fest: Neoadjuvante Chemotherapie über einen Port den Anfang machten hierbei vier Dosen Epirubicin und Cyclophosphamid im Drei-Wochen-Rhythmus gefolgt von zwölf Paclitaxel Dosen wöchentlich, anschließend eine brusterhaltende Operation, danach Bestrahlung und am Ende eine Reha. Dauer dieser Art von Behandlung circa ein Jahr. Ich war sprachlos. Es dauerte also ein langes Jahr, in dem es nur darum ging, das 3 cm große Mamma-Karzinom auf den folgenden Seiten als „Arschloch" bezeichnet in meiner rechten

Brust zu eliminieren. Aber egal was ist schon ein Jahr als Investition für hoffentlich viele Folgejahre, ermutigte ich mich.

Ich sog alles was die Ärztin uns zu sagen hatte auf wie ein Schwamm. Immer wieder versuchte ich mich zu fokussieren und signalisierte ihr sofort, dass ich bereit war, all diese Schritte gemeinsam mit ihnen zu gehen, wenn dies nur bitte dazu führen würde, dass ich überlebe.

Alle negativen Gedanken, mit den ich mich die letzten Monate beschäftigt hatte, rutschten ruckartig in den Hintergrund und der Überlebensmodus war ab sofort „on fire".

Kurze Zeit später übernahm die Maschinerie der Klinik die Regie und ich befand mich mitten im sogenannten „Staging". Innerhalb von zwei bis drei Wochen folgten etliche Untersuchungen wie Schädel- und Thorax-CT, Knochenszintigrafie, ein MRT der Brust, die Port-Operation sowie die Chemo-Aufklärung. Es war erschreckend und beruhigend zugleich, wie sich gekümmert wird, wenn man eine schwerwiegende Erkrankung hat. Schnell stellte ich fest, dass der einzige Lichtblick in dieser Misere war, dass Brustkrebs eine Krebsart ist, die sehr gut erforscht ist. Diesbezüglich fühlte ich mich von Anfang an gut aufgehoben in unserem Gesundheitssystem sowie in dem behandelnden interdisziplinären Brustzentrum.

Emotional glich diese Zeit einer Achterbahnfahrt, denn wieder galt es, voller Ungewissheit auf die Befunde zu warten. Erneut mussten wir bangen, ob es noch weitere Baustellen in meinem Körper gab, die die Aussichten auf Heilung definitiv minimiert hätten. Glücklicherweise konnten keine Metastasen im Körper festgestellt werden, allerdings war man sich nicht ganz sicher, ob in der linken Brust eine weitere „kleine Stelle" war. Im MRT wurde linksseitig eine winzige Kontrastmittelansammlung gefunden, und im Klartext bedeutete dies: Die linke Brust musste ebenfalls gestanzt werden. Diesmal wusste ich natürlich, was auf mich zukam, denn ich hatte das Prozedere ja bereits mit meiner rechten Brust hinter mir. Dies bedeutete aber nicht, dass ich weniger Respekt davor gehabt hätte. Meine rechte Brust sah immer noch mitgenommen aus von dem Eingriff. Sie erschien in sämtlichen Regenbogenfarben, und der Bluterguss zog sich über die komplette Fläche. Ich hatte die leise Hoffnung, dass dieser Anblick dazu führte, dass sich die beiden Ärztinnen an diesem Tag besonders viel Mühe gaben. Eine der Ärztinnen hielt den kalten Ultraschallkopf auf meine linke Brust und versuchte dabei, die auffällige Stelle zu fixieren, was bedingt durch die glitschige Gelmasse kein leichtes Unterfangen war. Die andere Ärztin betäubte währenddessen die Einstichstelle kurz, um dann mit dem Stanzgerät in meine Brust zu schießen. So muss es sich anfühlen, wenn man erschossen wird, dachte ich mir. Ich spürte einen dumpfen Druck im Rumpf und erschrak vor dem verhältnismäßig lauten Knall. Da ich seit meiner Jugend an einem ausgeprägten Knalltrauma leide, hielt ich mir dabei sicherheitshalber die Ohren zu. Für „normale" Menschen ohne Knalltrauma ist die Lautstärke natürlich lächerlich und nur mein persönliches Empfinden. Ich kann gar nicht beschreiben, was in diesem Moment unangenehmer für mich war, das vermeintlich laute Geräusch, der Druck auf den Brustkorb oder die Angst vor dem möglichen Schmerz. Diesmal tat der Vorgang allerdings

nicht weh, denn der „Schuss" saß präzise und die Probe konnte im Anschluss ihre Reise ins Labor antreten.

Ein paar Tage später kam die erleichternde Nachricht, dass
sich dieser Verdacht nicht bestätigt hatte. Ich war sehr froh
und glücklich darüber, dass es bis hierhin nur diese eine, wenn
auch nicht unerhebliche Baustelle gab.

In der darauffolgenden Zeit zwischen Staging, Port-Operation
und Beginn der Chemotherapie erstellte ich mir mein persönliches „Mutmachbuch". Darin sind Fotos meiner Familie und
meiner Freunde enthalten, von Bekannten geschriebene Kar-
ten abgelegt sowie Gedanken und Gedichte notiert. Ich war
mir sicher, ich würde dies brauchen, um mein Ziel vor Augen
nicht zu verlieren. Darüber hinaus wollte ich gewappnet sein
für die Momente, in denen ich verzweifelt sein könnte.

Außerdem war ich überwältigt, weil ich besonders in dieser
Zeit merkte, wie sehr die Menschen um mich herum für mich
da waren. Meine Familie, meine Freunde und auch Bekannte
waren mir während dieser Etappe die größte Stütze und ich
bin für jeden Einzelnen bis heute sehr dankbar. Es macht ei-

nen demütig, denn selbst die Anteilnahme von mir fremden Personen oder weitläufig Bekannten war unfassbar groß und ich bekam liebevolle Worte oder Gesten auf verschiedenste Art und Weise übermittelt. Das war nicht selbstverständlich und gehört unbedingt erwähnt. Es gab aber auch zwei skurrile Begegnungen, in denen mir zwei weitläufig bekannte Personen, die ich zufällig beim Einkaufen traf, den Hinweis gaben, es handele sich ja NUR um Brustkrebs!

Mensch, was für ein Glück, dachte ich mir innerlich. In den letzten Tagen konnte ich meine Freude darüber, dass ich NUR Brustkrebs hatte, kaum fassen;-)

Ja, und auch solche Menschen muss es geben, Personen, die in solchen Momenten nicht die richtigen Worte finden und wo Schweigen die bessere Option gewesen wäre.

Mir gelang es aber, darüber hinweg zu lächeln und mich nicht provozieren zu lassen.

Am **05.11.2021** fand die Port-Operation statt, zu der mich meine Freundin Katha begleitete. Nachdem ich das Zimmer bezogen und das sexy OP-Nachthemd angezogen hatte, bekamen wir beide einen Lachanfall. Versehentlich hatte ich das Hemdchen falsch übergeworfen und stand mit nackter Brust und in voller Blüte verdutzt vor ihr. Diese Frotzeleien mit ihr lenkten mich ab von meiner Aufregung vor diesem Eingriff. Die Angst vor dieser Operation war auch der Grund, warum ich vorher bereits geklärt hatte, dass ich anstatt einer örtlichen Betäubung eine Vollnarkose bekommen würde. Zu viele Menschen hatten mir zuvor berichtet, wie unangenehm diese OP im wachen Zustand wäre und ehrlich gesagt, wollte ich mir das in meinem angespannten Gemütszustand ersparen. Deswegen bestand ich auf eine Vollnarkose und erfreulicherweise ließen sich die Ärztinnen und Ärzte darauf ein.

Ich schlummerte unter Einfluss von Propofol selig vor mich hin, während mir das Operationsteam innerhalb einer Stunde die „Zapfstation" implantierte. Die Operation verlief gut und ich durfte noch am selben Tag das Krankenhaus wieder verlassen. 18 Tage später sollte es dann losgehen mit der ersten

Chemo-Verabreichung. Jedoch nahm die Angst vor der Che-

motherapie leider nicht ab und schwebte wie ein Damokles-

schwert über mir. Meine Gedanken und Gefühle kreisten stän-

dig darum, und ich war unsicher, ob ich dies schaffen würde.

Ob mein Körper es aushalten würde und ob meine Psyche das

Durchhaltevermögen hätte, diese Phase unbeschadet zu über-

stehen. Wenn die Angst unerträglich groß war, half es mir

ungemein, mich mit anderen Betroffenen oder ehemaligen

Erkrankten auszutauschen. Unter anderem nahm ich zu einer

Frau Kontakt auf, die ich nur flüchtig kannte. Ihr Sohn und

unsere Tochter hatten in der Grundschule zusammen eine

Klasse besucht. Daher wusste ich, dass sie bereits zwei Jahre

zuvor an Brustkrebs erkrankt war. Ich rief sie spontan an und

wir quatschten lange und ausführlich, danach verabredeten

wir uns noch zum Spazierengehen und sie berichtete unauf-

dringlich von ihren Erfahrungen während der Therapie.

Es tat so gut, mit ihr zu sprechen, denn sie hatte die Krankheit

überstanden, und das machte mir Mut. Es war nicht nur unser

Alter oder unsere offene Art, was uns verbunden hat, sondern es war eben auch diese erschreckende Diagnose, die uns auf eine magische Weise verband. Begegnungen mit anderen Erkrankten führten oftmals zu einer unsichtbaren zwischenmenschlichen Verbindung. Ich habe mich öfter gefragt, was genau ist es, was Frauen in diesen Momenten verbindet. Ich bin der Meinung, dass es die tiefe Verletzung in unserer weiblichen Seele ist, denn die Brust ist mitunter der Inbegriff einer Frau und ein sensibles Thema noch dazu. Aber natürlich auch die Angst vor dem Tod, denn diese Krankheit ist und bleibt tückisch. Vor allem im Verlauf ist sie so individuell und unvorhersehbar. Unter anderem sind das die Gründe, warum „Frau" sich von anderen betroffenen Frauen verstanden fühlt.

Zusätzlich tat es mir gut, mich dosiert und fundiert über die Krankheit zu informieren. Was zum Beispiel konnte ich ergänzend tun, um einen positiven Verlauf zu begünstigen? Gab es homöopathische Therapien, die hilfreich sein könnten? Inwiefern spielte die mentale Verfassung eine Rolle, oder gab es Studien, an denen ich teilnehmen sollte? Mir persönlich gab dies Struktur und Halt im Umgang mit der Krankheit. Außerdem ging ich jeden Tag spazieren, um im wahrsten Sinne des Wortes einen kühlen Kopf zu bewahren, in der Natur Kraft zu tanken und mir bewusst Zeit für mich zu nehmen. In den zwei Jahren zuvor war dies aus verschiedensten persönlichen Gründen auf der Strecke geblieben. Trotz alledem und immer noch hatte ich einen Heidenrespekt vor der Chemotherapie und versuchte, so unvoreingenommen wie möglich daranzugehen. Die negativen Erfahrungsberichte versuchte ich zu verdrängen, schließlich hatte ich den steinigen Weg noch vor mir und es galt, positiv zu bleiben.

Kurz vor Antritt der Chemotherapie feierte ich meinen 40. Geburtstag. Anstatt in Skandinavien zu sein und mir die Polarlichter anzusehen, feierte ich mit meiner Familie in Bad Langensalza. Mit reichlich Thüringer Klößen und bei typischem Novemberwetter genossen wir dort die gemeinsame Zeit. Ich sammelte während unserer Wanderungen Kraft für die bevorstehende Zeit und erfreute mich daran, dass wir alle zusammen waren. Danach fühlte ich mich bereit. Bereit, dem Arsch-

loch den Kampf anzusagen.

2.0. CHEMOTHERAPIE

23.11.2021. Es war ein sonniger Novembermorgen, an dem mein Mann und ich auf dem Weg zur Klinik waren. Mir hatte es die Sprache verschlagen, ich war so aufgeregt und ängstlich, was auf mich zukommen würde, dass es mich verstummen ließ. Auch mein Mann saß schweigend neben mir, voller Sorge und Ungewissheit, was auf uns als Familie in der nächsten Zeit zukommen würde. Ich sah die Landschaft an mir vorbeiziehen und meine anfängliche Euphorie, es sollte nun endlich losgehen und ich würde die Chemo knallhart durchziehen, war auf dem Weg in die Klinik verloren gegangen. Als ich an diesem Dienstagmorgen das Auto verließ und Richtung Klinikeingang lief, wollte ich am liebsten abhauen, einfach weglaufen, ... weit weg ... dem Krebs und der Chemo für immer davonlaufen. Aufgrund der anhaltenden Pandemie konnte mein Mann mich nur bis zum Eingang begleiten und verabschiedete mich dort schweren Herzens. Ich erreichte die Station und alle waren ganz lieb und begrüßten mich freundlich, aber innerlich sträubte sich alles in mir und ich fühlte mich fehl am Platz.

Das erste Mal nach Bekanntwerden der Diagnose fragte ich mich intensiv: Warum musste mir das passieren? Was habe ich so Schlimmes verbrochen, dass mir das passieren musste? Ich versank in Selbstmitleid und hätte heulen können. Ich tat es natürlich nicht. Der Anblick der anderen Patientinnen und Patienten im Wartezimmer der Tagesklinik hielt mir vor Augen, dass ich erst am Anfang meines Weges stand und in diesem Moment war ich kurz verzweifelt. Ich überspielte meine innerliche Abneigung, hier zu sein, mit Freundlichkeit und vermeintlicher Gelassenheit, nicht wissend, ob mir das nach außen hin gelang. Ich wurde auf Zimmer 3 geschickt, wo sich bereits fünf weitere Frauen in dem Raum befanden. Danach wurde der Port das erste Mal angestochen und mir die Einzelheiten zu den beiden Chemo-Medikamenten erklärt. Ich versuchte mich zu beruhigen und mir immer wieder vor Augen zu führen, dass jeder lange Weg mit dem ersten Schritt beginnt. Ich wurde darüber aufgeklärt, dass ich mich während der Epirubicin-Infusion nicht großartig bewegen dürfte, da dieses

Mittel hochgradig toxisch ist und zu schwerwiegenden Verät-

zungen führen könnte, wenn es in Berührung mit der Haut

gerät. Umgangssprachlich wurde dieses Medikament der „Ape-

rol Spritz" unter den Zytostatika-Medikamenten genannt, eines

der Getränke, die ich verabscheute. Keine gute Voraussetzun-

gen, fand ich. Bevor die Vor-Medikation verabreicht wurde,

suchte ich noch mal die Toilette auf, um im Anschluss von der

Ärztin an die Chemo-Infusion angeschlossen zu werden. Ich

sah kurz Sterne vor meinen Augen und hatte das Gefühl,

ohnmächtig zu werden. Die Ärztin beruhigte mich und meinte,

das wäre nur meine Psyche, die mir gerade einen Streich spie-

len würde.

Es dauerte ein wenig, bis ich mich mit dieser Situation ange-

freundet hatte und es endlich akzeptierte, denn ich fühlte

mich auf diesem Stuhl angeschlossen an dieses rote Mittel,

völlig ausgeliefert und handlungsunfähig. Die ersten paar Mi-

nuten saß die Ärztin neben mir und beobachtete mich. Ratio-

nal wusste ich natürlich, dass dies der einzig richtige Weg für

mich war, aber meine innere Angst schrie danach abzubrechen, sich zu wehren, das nicht mit sich machen zu lassen und die Kontrolle über diesen Moment und mein Leben wiederzuerlangen. In den letzten Wochen hatte ich mein Leben immer wieder in die Hände anderer legen müssen, und für einen Kontrollfreak wie mich war dies eine immense Herausforderung. Aber ich musste da jetzt leider durch, ich musste mich zusammenreißen und die Angst nicht „Herr der Lage" werden lassen. Deswegen versuchte ich, mir einen Satz aus meinem Mutmachbuch ins Gedächtnis zu rufen: Die Chemo ist mein Freund und wird mich wieder gesund machen!

Langsam kam meine Psyche zur Ruhe und ich zwang sie dazu, diese Situation zu akzeptieren. Die Infusion lief tröpfchenweise in meine Venen und verteilte sich über meinen Blutkreislauf in meinem Körper. Auch nach 30 Minuten hatte ich keine allergische Reaktion auf das Mittel und erfreulicherweise blieb ich auch von einem kompletten Nervenzusammenbruch verschont, sodass das Mittel seine Arbeit in meinem Körper verrichten durfte.

Auf unserem Zimmer war eine Dame, bei der die Aufregung dazu führte, dass sie ununterbrochen redete. Sie redete über bereits erhaltene Chemotherapien und wie schrecklich diese gewesen waren. Ich saß als Neuankömmling geschockt da und hörte ihr, ohne das ich es eigentlich wollte, aufmerksam zu. Ich nickte immer wieder freundlich oder antwortete ihr sogar. Aber am liebsten hätte ich meine Ruhe gehabt. Es dauerte nicht lange und ich war ziemlich genervt von dieser Person. Ich wünschte, sie würde endlich aufhören zu reden und uns nicht ungefragt ihre persönlichen Negativbeispiele aufzuzwingen. Sie war zum Teil distanzlos, denn selbst als ich mir meine Kopfhörer aufsetzte, schnipste sie mit den Fingern und gestikulierte wild in meine Richtung. Tatsächlich hörte sie erst damit auf, als ich meine Kopfhörer wieder runter nahm, um ihren erneuten Ausführungen zu lauschen.

Ich war froh, dass ich in diesem Moment eine Verbündete auf dem Zimmer hatte. Frau S. war im Alter meiner Mutter und eine sehr herzliche und zurückhaltende Frau. Während die andere Dame weiter ihre frustrierenden Monologe hielt, trafen sich unsere Blicke immer wieder, und wir brauchten keine Worte, um zu wissen, was die andere dachte. Trotz alledem merkte ich, wie mich die Situation in dem Zimmer immer mehr stresste und meine Anspannung nicht abnahm, sondern eher stieg. Diese Situation überforderte mich und sie führte dazu, dass ich immer fahriger wurde. Eigentlich hätte ich auf Durchzug schalten müssen oder ihr freundlich mitteilen können, dass ich gerade Ruhe bräuchte, aber ich wollte ihr auch nicht zu nahe treten oder sie verletzen. Im Nachhinein bin ich froh, dass ich ihr in diesem Moment nicht sagte, was ich fühlte oder wie sehr sie meine Nerven strapazierte, denn vermutlich hätte ich nicht den richtigen Ton dabei getroffen. Im Verlauf des Tages schloss ich aber meinen Frieden mit der Situation und ich hatte sogar ein wenig Verständnis für sie, denn am Ende saßen wir ja alle im gleichen Boot und jeder ging anders mit solchen Ausnahmesituationen um.

Nachdem das rote Zeug endlich durchgelaufen war, bekam ich das nächste Chemo-Medikament angeschlossen. Schon nach einer halben Stunde verspürte ich einen Druck auf meiner

Stirnpartie und merkte, wie sich eine fette Migräne anbahnte.

Dieses Mittel lief extrem langsam, um eine mögliche allergische Reaktion abzuwarten, und leider stieg mit jedem Tropfen auch der Druck in meinem Kopf. Um 16.00 Uhr war es endlich geschafft und ich durfte nach Hause. Einerseits war ich erleichtert, dass ich es hinter mir hatte, andererseits aber auch vollends erschöpft von dem Erlebten des ersten Chemo-Tages. Zu Hause angekommen, bezog ich die Couch und schaltete den Fernseher an, um mich abzulenken von dem Unwohlsein sowie den Kopfschmerzen. Ich stand immer noch unter Strom, denn ich machte mir Sorgen und hatte Angst vor der bevorstehenden Nacht. Ich befürchtete, ich könnte diese nicht überleben, mein Körper würde diese Tortur nicht überstehen und mein Geist wäre zu schwach, diese Situation auszuhalten. Im Laufe des frühen Abends wurde es leider nicht besser, sondern eher schlechter und ich fühlte mich in diesem Moment von den Ärzten im Stich gelassen und dachte mir, es ist doch unverantwortlich, jemanden nach solch einem Tag und in solch einer Verfassung nach Hause zu schicken. Die Unge-

wissheit, nicht zu wissen, ob sich der Zustand noch ver-
schlimmern würde, führte dazu, dass mein Kreislauf verrückt
spielte und mir schwindelig wurde. Ich schaffte es aber, meiner Psyche wieder zu beruhigen, und der Schwindel ließ nach.
Abends hatte mich eine starke Migräne inklusive Übelkeit fest
im Griff. Gegen 23.00 Uhr fand ich endlich in den Schlaf und
mein Körper durfte sich in dieser Nacht erholen.

Als ich am nächsten Tag erwachte, war ich froh, am Leben zu
sein, die erste Chemo geschafft zu haben und festzustellen,
dass es mir einigermaßen gut ging. Mir blieb auch nichts anderes übrig, denn an diesem Tag feierte unsere Tochter ihren
12ten Geburtstag. Ich wollte ihr unbedingt einen tollen Tag
bereiten, deshalb riss ich mich einmal mehr zusammen und
wir verlebten trotz dieser Umstände einen schönen Tag mit
der Familie. Ich versuchte mich in den darauffolgenden Tagen
weiter zu berappeln, die latent anhaltende Übelkeit weitestgehend zu ignorieren und wieder zu Kräften zu kommen.

Bereits vor der ersten Chemo Dosis hatte ich im Rehazentrum
der Klinik mit einem Sportkurs begleitend zur Therapie ange-

fangen. Dieser bestand aus einer Mischung aus Jazzdance, Aerobic, Gymnastik und Yoga. Jeden Donnerstagvormittag trafen wir uns in einer Gruppe von bis zu zehn Frauen, die zusammen den Nebenwirkungen einer Krebstherapie entgegen sporteln durften. Das tat unwahrscheinlich gut, denn tatsächlich wurden die Nebenwirkungen dadurch milder und außerdem lernte ich dort zwei weitere junge Frauen kennen, mit denen ich mich auf Anhieb gut verstand. Da beide Frauen bereits ein paar Zyklen hinter sich hatten, konnte ich mich bei Fragen immer vertrauensvoll an sie wenden. Meine täglichen Spaziergänge behielt ich natürlich bei, um den Nebenwirkungen nicht zu viel Raum zu bieten und um mich mental fit zu halten. Häufig las ich, dass Meditation eine wichtige Säule in der Behandlung von Brustkrebs wäre, aber es fiel mir sehr schwer, dies umzusetzen. Ich kaufte mir sogar ein Meditationskissen und versuchte mich zu motivieren, ein entsprechendes Achtsamkeitstraining durchzuziehen. Vergeblich, denn immer wieder schweiften meine Gedanken dabei in sämtliche Himmelsrichtungen, anstatt sich auf die Meditation und den eigenen Körper zu konzentrieren. Ich dachte darüber nach, was es heute Abend zu essen geben könnte, was für Freizeit-aktivitäten unser Kind noch geplant hatte oder was ich noch im Garten erledigen könnte. Aufgrund dessen legte ich dieses Thema erst mal ad acta und beschloss, dass man nicht alles machen muss, was einem empfohlen wird. Nach einigem Her-umexperimentieren fand sich endlich das richtige Ventil, um meinen Gedankenkarussell zu entkommen, denn ich begann zu malen. Das Malen ließ mich runterkommen, ohne dass ich es merkte, ließ mich innehalten und zur Ruhe kommen. Jeden Tag saß ich in meinem Sessel im Wintergarten und vollendete wieder ein Teil meines Bildes. Das Schöne daran war, dass ich alleine das Tempo dabei vorgab und mich das erste Mal seit langer Zeit nicht mehr selbst unter Druck setzte. Sukzessive „arbeitete" ich mich voran, genau wie in meiner Therapie ge-gen den Brustkrebs.

8.12.2021

Meine Haare ließen sich mittlerweile büschelweise rausziehen und seit Tagen war meine Kopfhaut sehr empfindlich. Ich wusste, dass es Zeit war, meine geliebten Haare gehen zu lassen. Zwei Tage später sollte es so weit sein, meine Friseurin kam zu mir nach Hause, und ich war mehr oder weniger bereit dazu. Ich kann mich nicht daran erinnern, wann ich das letzte Mal so geweint habe. Ich musste so viel und aus tiefstem Herzen weinen, dass ich mich selbst nicht wiedererkannte. Ich liebte meine Haare, denn ich hatte dichte, glatte, schulterlange blonde Haare. Regelmäßig wurde ich dafür beneidet und nun zwang mich dieses Arschloch, sie abzurasieren. Für mich stand aber von Anfang an fest: Lieber ein Ende mit Schrecken als ein Schrecken ohne Ende.

Deswegen saßen wir an diesem Abend in der Küche und es herrschte eine unausgesprochene Anspannung bei allen Beteiligten. Meine Friseurin und gleichzeitig Freundin stand hinter mir und setzte die Maschine langsam in meinem Nacken an. Im Augenwinkel sah ich, wie die Haare neben mir runter rieselten ein für mich erbärmlicher Anblick. Ich versuchte, stark zu sein und meine Trauer in diesem Moment zu überspielen, aber innerlich brach es mir das Herz. Mein Mann und meine Tochter standen daneben, verfolgten das Prozedere gespannt und versuchten mich aufzuheitern. Haar für Haar rutschte an dem Friseurumhang herunter und nach ein paar Minuten hatte ich eine Kurzhaarfrisur.

Auch wenn mich diese Rasur an diesem Tag im innersten Mark erschütterte, war es zugleich auch eine Erleichterung, es endlich hinter mir zu haben. Ich gewöhnte mich nur langsam an mein neues Spiegelbild und erschrak immer wieder, wenn ich mich zufällig in einem Spiegel entdeckte. Auch die nächsten zwei Tage waren noch geprägt von Trauer um meine Löwenmähne und Unsicherheit bezüglich des neuen Erscheinungsbildes. Ich fühlte mich, als hätte ich einen Teil meiner Weiblichkeit eingebüßt und sämtliche Restattraktivität verloren.

Abschließend gesagt, war diese Entscheidung der radikalen Rasur eine der bewegendsten Erfahrungen in meinem Leben. Am Ende waren es aber eben doch „nur" Haare und die Genesung mein Ziel. Dieser Haarverlust war ein Teil des Weges dorthin und ich war stolz auf mich, dieser Tatsache die Stirn geboten zu haben. Langsam Tag für Tag und in kleinen Schritten überwog der Stolz, die Trauer rückte in den Hintergrund und ich fing sogar an, meinen neuen Look zu mögen.

14.12.2021

Diesmal beschritt ich den Weg Richtung Chemostation etwas gelassener, da ich ja weitestgehend wusste, was auf mich zukam. Wieder kam ich auf dasselbe Zimmer mit den bequemen Stühlen und den Toskana-Bildern an der Wand. Meine Gedanken schwelgten kurz zwischen Lavendel und Zypressen, bis mich der Stationsablauf schneller als mir lieb war, wieder aus meinen Träumen riss. Mein Port wurde umgehend angestochen, sodass die wilde Aperol-Spritz-Chemo-Fahrt starten konnte. Diesmal saß mir eine junge Frau gegenüber, die mir auf Anhieb sympathisch war. Wir kamen schnell ins Gespräch und sie erzählte mir, dass sie bereits vor 14 Jahren die Diagnose Brustkrebs erhalten hatte. Ihre beiden Töchter waren zu diesem Zeitpunkt gerade 1 und 2 Jahre alt gewesen. Die Prognose der Ärzte waren niederschmetternd und sie hatten ihr gesagt, sie könne sich glücklich schätzen, wenn sie die Einschulung miterleben könnte. Mir verschlug es innerlich die Sprache, ich versuchte ihr gegenüber allerdings gefasst zu sein und wollte unbedingt vermeiden, dass sie mir meinen Schrecken ansah. Im nächsten Augenblick sagte sie: „Aber hey, jetzt sind bereits 14 Jahre vergangen und ich sitze immer noch hier, auch wenn ich bereits vier Chemotherapien hinter mir habe." Demnach erhielt sie heute ihre zweite Dosis des 5ten Chemotherapie Zyklus und ich war zutiefst beeindruckt, wie gelassen sie damit umging. Außerdem berührten mich ihre Stärke und Zuversicht sehr, denn sie trotzte dem Arschloch Krebs seit vielen Jahren und bot ihm die Stirn. Sosehr ich sie auch bewunderte, betete ich innerlich inständig darum, dass mir das erspart bleiben würde. Diese Zusammenkunft aber hallte noch lange in meiner Seele nach und ich fragte mich oft, wie ihr Leben wohl in Zukunft weitergehen würde, denn leider war das unsere einzige Begegnung auf der Station.

Der Abend nach dieser Chemo war anders als der erste vor drei Wochen. Diesmal beschloss ich, mich gleich in mein Bett zu legen und den Fernseher auszulassen. Ich erhoffte mir dadurch, die Kopfschmerzen im Zaun zu halten und meine Augen nicht zusätzlich zu belasten. Ich döste vor mich hin, bis die Übelkeit überhandnahm und mich zwang, zur Toilette zu rennen. Nachdem ich dort erbrochen hatte, ging es mir deutlich besser und ich schlief endlich ein.

Als ich am nächsten Morgen erwachte, ging es mir schon erstaunlich gut und ich war optimistisch, dass ich in den darauffolgenden Tagen wieder zu Kräften kommen würde. Glücklicherweise gelang es mir wirklich gut, mich immer wieder aufzuraffen und mein Leben zu leben. Vor allem in Situationen, wo mir die körperliche Verfassung auf mein Gemüt schlug, war es für mich persönlich wichtig, unter Menschen zu gehen. Das war zum Teil leichter gesagt als getan, in Zeiten einer anhaltenden Pandemie. Denn Corona war immer noch allgegenwärtig, und auch wenn ich bereits meine Booster-Impfung hinter mir hatte, saß mir die Angst vor einer möglichen Infektion während der Therapie sprichwörtlich im Nacken. Es galt sich besonders in dieser Zeit vor möglichen Infekten zu schützen, denn das eigene Abwehrsystem funktionierte nur noch mit Standgas. Diese Tatsache schränkte mich natürlich sehr ein, und es war anfangs schwierig, ein gesundes Mittelmaß zu finden.

Ich traf Frauen auf Station, die sich deswegen komplett isolierten, sich nicht mehr mit Freunden trafen, nicht mehr essen oder einkaufen gingen. Wenn ich eines ganz sicher wusste, meine Persönlichkeit brauchte diese sozialen Kontakte und Freizeitaktivitäten. Ich musste an dem Leben da draußen teilnehmen, ansonsten hätte ich meiner positiven Einstellung nur stumm hinter herwinken können. Trotz aller Bedenken und wohl wissend, dass ich eine mögliche Infektion riskierte, entschied ich mich dafür, mit meiner Familie in den geplanten Skiurlaub zu fahren. Meine geliebten Berge endlich wiederzusehen, würde mir guttun, und der Tapetenwechsel war für die ganze Familie dringend nötig. Ich verzichtete aus Vernunftgründen allerdings auf das Skifahren, und so bekam ich in diesem Urlaub einen Vorgeschmack auf zukünftige Rentnerurlaube in den Bergen. Ich genoss die Natur und die Zeit für mich, ich merkte, wie ich gedanklich endlich mal runterkam und mir ganz bewusst Zeit nur für mich nahm. Als Ausgleich zu diesen einsamen Momenten versuchte ich mich in regelmäßigen Abständen mit den anderen Mitreisenden zu verabreden. Ich genoss es, mich in den Liegestühlen vor den Berggasthöfen zu sonnen, das leckere Essen dort zu verspeisen und meine Liebsten um mich herum zu haben. Während die anderen Lumumba, Flügerl oder Stiegel Bier vertilgten, beschränkte ich mich auf die alkoholfreien Getränke und stellte fest: Das war's! Die wilden Zeiten waren hiermit endgültig vorbei und der einzige Rock'n Roll, der mir noch blieb, war Kohlensäure in einem Getränk.

In den nächsten zwei Monaten erhielt ich zwei weitere Dosen von dem Mittel, das ich nur noch abwertend „das rote Zeug" nannte. Abgesehen von den Migräneanfällen am Vergabetag, wo leider auch keine Akupunktur oder Schmerzmedikation half, ging es mir während dieser knapp drei Monate einigermaßen gut. Für ein paar Tage nach Verabreichung der ersten vier Chemos war mir tagsüber manchmal übel und ich hatte einen trockenen Mund inklusive metallenen Geschmack. Zusätzlich kämpfte ich an diesen Tagen mit Wassereinlagerungen am ganzen Körper, dem berühmten roten Kortison-Kopf sowie Fressattacken, ausgelöst durch das Kortison. Es dauerte immer eine Weile nach der Chemo, bis diese wieder zurückgingen und der Körper sich wieder „normal" anfühlte. Als die vier Einheiten Epirubicin und Cyclophosphamid nach drei Monaten endlich verabreicht waren, war ich sehr erleichtert und feierte im Stillen das erste erreichte Etappenziel.

01.02.2022

Zum ersten Mal erhielt ich an diesem Tag das für mich neue Chemo-Medikament Paclitaxel, welches zu der Wirkstoffgruppe der Taxane gehört und das Tumorwachstum hemmen soll. Ich war erneut leicht aufgeregt und ängstlich, denn ich wusste ja nicht, wie mein Körper darauf reagieren würde. Die Ärzte verabreichten mir erneut eine Vor-Medikation in Form eines

Antiallergikums und Kortison. Dies führte dazu, dass ich schlagartig ins Land der Träume katapultiert wurde und ab diesem Moment von dem Pflegepersonal der Station liebevoll als „Oberschlafmütze" betitelt wurde.

Im Nachhinein betrachtet habe ich somit einen großen Teil dieser Verabreichung verschlafen. Im Gegensatz zu dem Medikamentenmix in den drei Monaten zuvor machte mich dieses Mittel hauptsächlich schläfrig und ich kämpfte die Tage danach gegen diese Erschöpfung an. Alles in allem war es aber kein Vergleich zu dem roten Zeug, und die Kopfschmerzen und Übelkeit gehörten ab diesem Zeitpunkt der Vergangenheit an. Das war für mich ein unglaublicher Fortschritt. Im Vorfeld teilten mir die Ärztinnen und Ärzte mit, dass diese Art von Zytostatika vor allem die Schleimhäute angriff, aber wie bereits bei den letzten Malen ließ ich es einfach auf mich zukommen, es blieb mir ja sowieso nichts anderes übrig.

Eine große Stütze an den Chemo Tagen waren die Mitarbeiterinnen und Mitarbeiter der Station. Diese waren mir von Anfang an ans Herz gewachsen, und mir wurde schlagartig bewusst, während ich ihnen bei ihrer Arbeit zusah, wie wichtig diese Menschen sind. Ich war in diesen Momenten sehr demütig und nachdenklich, da ich in der Vergangenheit öfter unbedarft und leichtfertig mit meiner Gesundheit umgegangen war. Ich hatte oft nicht auf die Signale meines Körpers gehört, sondern weitergemacht oder noch eine Schippe draufgelegt. Ich habe ein Leben auf der Überholspur gelebt, während diese Menschen täglich dafür sorgten, dass es kranken Patientinnen und Patienten auf Station besser ging. Insgeheim aber hoffte ich, dass eine höhere Macht des Universums noch mal Gnade walten ließ mit meinem Körper. Ich wusste natürlich, dass es nicht zielführend war, die Schuld für diese Erkrankung bei mir selbst zu suchen, aber reflektiert, wie ich bin, fragte ich mich manchmal, ob und an welchen Stellen ICH etwas falsch gemacht haben könnte. Nach einer Weile beschloss ich jedoch damit aufzuhören, mich nicht weiter selbst zu quälen und nach dem „Warum" zu fragen. Es war ja sowieso nicht mehr zu ändern und für die Zukunft lautete meine Devise, nicht mehr zurückzuschauen, sondern nach vorn zu blicken und es besser zu machen. Langsam manifestierte sich auch immer mehr die Erkenntnis, dass nichts im Leben wichtiger ist als die eigene Gesundheit und die Dankbarkeit für das, was man hat. Das Leben kann für jeden Menschen so schnell vorbei sein, also lebe im Hier und Jetzt und versuche aus allem das Beste zu machen. Für einen gesunden Menschen mag das lächerlich oder wie eine übertriebene Glücksfloskel klingen, kranke Menschen aber wissen, was ich meine.

Ein weiterer wichtiger Bestandteil meines Weges war und ist es, vieles mit Humor zu sehen. Lachen bedeutet für mich Erleichterung und Hoffnung zugleich. Es macht unser schnelllebiges Leben und unseren stressigen Alltag erträglicher. Ab und an darf dieser Humor auch gerne mal makaber sein. Dies dachte sich wohl auch der Pfleger der Station, als er mich morgens im Stationsbüro empfing und er ziemlich angespannt vor dem Computer saß, der in diesem Moment nicht so wollte wie er. Seine Nervosität stand ihm ins Gesicht geschrieben und er fühlte sich sichtlich unwohl in seiner Haut. Sein Kollege hingegen versuchte ihm geduldig das Computerprogramm zu erklären, und ich erinnerte mich just in diesem Moment, dass er mir eine Woche vorher von dieser geplanten Einarbeitung berichtet hatte. Ich saß auf meinem Stuhl und beobachtete die Situation, bis ich ihn fragte, wie denn seine Einarbeitung in die administrativen Abläufe der Station bisher verlief, und er antwortete trocken: „Sehen Sie doch, am liebsten würde ich gerade mit Ihnen tauschen." Ich bezweifelte, dass er dies ernst meinte und sich tatsächlich lieber eine Chemo verabreichen lassen würde, anstatt sich weiter mit dem Computerprogramm herumzuärgern. Aber diese Antwort führte auf jeden Fall zu einer großen Erheiterung meinerseits und ich brach in schallendes Gelächter aus. Sein Kollege und auch er selbst hingegen waren erschrocken über diesen Fauxpas und er entschuldigte sich umgehend bei mir. Er bat mich auch darum, ihn nicht zu verpetzen. Aber daran dachte ich überhaupt nicht, ganz im Gegenteil, ich war ihm dankbar für diese Aufmunterung. Wesentlich entspannter und mit einem Schmunzeln auf dem Gesicht ging ich zu dem mir zugeteilten Zimmer, um mir die nächste Dosis abzuholen. Wenn es der Platz auf Station zuließ, versuchten mir die Stationsmitarbeiter, anstatt eines Stuhls ein Bett zu zuweisen. Mein erstes Mal im Bett war herrlich, ich wusste, es dauert nicht lange und ich würde tief und fest schlummern und im besten Fall die meiste Zeit verschlafen. Auch an diesem Morgen gab es ein freies Bett, welches ich mit meinem Astralkörper beglücken durfte. Während ich so friedlich vor mich hin schlief, wachte ich plötzlich durch einen stechenden Schmerz an meinem Port auf und fragte mich, ob ich eventuell übertrieb oder mir das alles nur einbildete, deswegen beobachtete ich die Situation lieber noch eine Weile, denn ich war mir unsicher, ob ich tatsächlich jemanden dafür rufen sollte. Insgeheim wusste ich natürlich, normal ist dieses Stechen nicht. Ich verließ das Bett und lief zum Spiegel in dem Zimmer, um die Port Stelle zu begutachten. Zu meinem Erschrecken entdeckte ich eine recht große Schwellung rundum meinen Port und betätigte doch lieber die Klingel. Es dauerte nicht lange und die Schwester stand an meinem Bett, um sich die Misere anzuschauen. Das hatte ich nun von meiner Pennerei, die Portnadel hatte sich aus dem Port verabschiedet und das Medikament lief in das umliegende Gewebe in der Zeit, die ich abgewartet hatte. Die Ärztin, die von der Schwester gerufen wurde, strich mir so gut es ging die Flüssigkeit wieder aus der kleinen Hautöffnung heraus und bat mich darum, das nächste Mal unbedingt früher zu klingeln. Das hatte ich nun von meiner falschen Bescheidenheit. Nachdem der Schrecken einigermaßen verdaut war und es zu keinerlei Folgeschäden kam, lief die Chemo weiter und ich war mir sicher, dies würde mir kein zweites Mal passieren. Beim nächsten Mal würde ich ein Kissen so drapieren, dass ich mich nicht versehentlich nach links drehen konnte, um das Lösen der Nadel aus meinem Port zu vermeiden. Da dieses Medikament jede Woche verabreicht wurde, erschien ich eine Woche später wieder auf Station und hatte erneut das Glück, ein „ Bett" Zimmer zu erhaschen.

Ich war morgens die erste in diesem Zimmer und wählte das Bett am Fenster aus. Es war der erste sonnige Frühlingstag in diesem Jahr, die Sonnenstrahlen kitzelten mein Gesicht und wärmten meinen geschundenen Körper. Ich war gut drauf, die

Therapie verlief gut, für mich persönlich viel sanfter als das erste Drittel und dies motivierte mich sehr. Die Anspannung ließ endlich nach und ich war mir sicher, es würde nicht mehr schlimmer werden. Es galt die weiteren Dosen „nur" noch auszuhalten und bis zum Ende durchzuhalten. Wobei ich mich ehrlicherweise fragen musste, was es mir brachte, ein Bett am Fenster zu haben, denn ich nickte ja sowieso gleich wieder ein. Egal, dachte ich mir. Ich lebe schließlich nur einmal und ab sofort wollte ich ja auch die kleinen Dinge im Leben genießen, von daher war der sonnige Fensterplatz genau der richtige für mich. Es dauerte nicht lange und eine weitere Frau betrat das Zimmer. Sie rannte an mir vorbei, schnurstracks Richtung Fensterfront und zog, ohne eine Miene zu verziehen, die Vorhänge zu. Mir fiel fast mein Strickzeug aus den Händen und ich wies sie freundlich daraufhin, dass sie nicht alleine in dem Zimmer war und die Sonne heute so schön schien und ich es deswegen bevorzugen würde, die Vorhänge geöffnet zu lassen. Ich versuchte mich davon auch nicht aus der Fassung bringen zu lassen und Ruhe zu bewahren, aber ehrlich gesagt, war ich schon ziemlich genervt von ihrer Überheblichkeit. Sie erklärte mir, dass ihr Medikament, welches ihr heute verabreicht werden würde, zwingend lichtgeschützt bleiben musste, ansonsten würde es seine Wirkung verlieren.

Ich atmete tief durch und versuchte, mir meine gute Laune nicht verderben zu lassen und Verständnis aufzubringen. Wir einigten uns darauf, einen kleinen Schlitz zwischen den Vorhängen geöffnet zu lassen. Anschließend legte sie sich neben mich in das Bett und fing allgegenwärtig an zu telefonieren. Sie telefonierte mit Ihren Lieben zu Hause, denn ihr Kind war erkrankt und die Person am anderen Ende der Leitung bekam via Telefon Instruktionen wie die Hustentropfen für das Kind verabreicht werden mussten. Dabei wiederholte sie Ihre Sätze regelmäßig und mit steigendem Nachdruck. „Die Tropfen musst du in Wasser verdünnt geben … Ja, ja genau in Wasser verdünnt musst du sie geben" und „Du darfst sie nur zu einer bestimmten Uhrzeit geben, nur zu einer bestimmten Uhrzeit" und immer so weiter. Das Telefonat wurde durch die Anwesenheit eines Pflegers kurz unterbrochen, denn sie wollte wissen, was ihr nun genau und in welcher Dosierung verabreicht werden würde. Dafür beendete sie sogar ihr Telefongespräch. Ihre innere Unruhe übertrug sich innerhalb kürzester Zeit auf alle umliegenden Personen in diesem Raum. Geduldig erklärte ihr der Pfleger, was sie als nächstes genau machen würden, doch die Versuche, sie damit zu beruhigen, scheiterten kläglich. Als der Pfleger unser Zimmer wieder verließ, begann Sie erneut lautstark mit zu Hause zu telefonieren. Unweigerlich dachte ich sofort an ET, den Film und musste mir ein Schmunzeln unterdrücken. Es fühlte sich an wie eine Live Übertragung eines Fußballspiels, denn bis ins Detail erklärte Sie ihrem Gesprächspartner, was das Stationspersonal falsch gemacht hatte. An dem heutigen Tag wartete sie gespannt, ob ihre Antikörpertherapie diesmal mit dem entsprechenden Lichtschutzbeutel versehen geliefert wurde. Als sie ihr Telefongespräch beendete, rang ich mich dazu durch, ihr noch eine Chance zu geben und sie in ein Gespräch zu verwickeln. Vielleicht würde es ihr dadurch einfacher fallen, den heutigen Tag zu überstehen und sie würde vielleicht sogar dadurch ruhiger werden.

Ich stellte also laut aussprechend fest: „Ist das Wetter nicht herrlich heute?" „Endlich scheint die Sonne mal wieder und wir können wieder draußen Zeit verbringen!"

Ihre Antwort kam prompt und hätte nieder schmetternde nicht sein können: „Ja, aber wir können es ja leider nicht genießen"

Ich antwortete: „ Stimmt; heute leider nicht, aber es soll ja die ganze Woche so schön bleiben, da können wir in den nächsten Tagen die Zeit im Garten nutzen und ein paar Sonnenstrahlen genießen". Nüchtern und emotionslos antwortete Sie: „Wir dürfen ja nicht in die Sonne während der Chemo" danach war wieder Stille.

„Haben Sie denn einen Garten, wo sie Zeit an der frischen Luft verbringen können?" Fragte ich, um die ins Stocken geratene Konversation fortzuführen. Sie antwortete knapp, aber deutlich: „Nein".

Schlussendlich gab ich auf, man muss wissen, wann es gut ist und ich beschloss mir meine Kräfte für mich aufzusparen und sie weites gehend zu ignorieren. Ich spürte deutlich, sie wollte nicht abgelenkt werden und hatte kein Interesse an einem

Gespräch. Allerdings dauerte es auch nicht lange, bis „ET"

erneut zum Hörer griff, um nach Hause zu telefonieren. Der-

weil kam der Pfleger erneut an ihr Bett und brachte das er-

sehnte Medikament.

Zu allem Übel ohne den bestellten Lichtschutzbeutel. Sie war

sichtlich aufgebracht und erklärte erregt, dass dies für sie

inakzeptabel sei. Sie wies ihn darauf hin, dass sie persönlich

mit der Apothekerin und dem Hersteller des Medikaments

gesprochen hätte. Beide Parteien bestätigten, dass es extrem

wichtig wäre, dass dies ohne Einfluss von Sonnenstrahlen

verabreicht werden würde. Daraufhin entschuldigte sich der

Pfleger bei ihr und versicherte ihr, dass ihm diese Information

neu wäre. Da dieses Mittel auch andere Personen bekamen,

war er augenscheinlich überrascht, weil es bis dato niemand

in solch einem besagtem Schutzbeutel erhielt. Sie ließ sich

durch diese Erklärung aber nicht verunsichern. Im Gegenteil,

sie bestand mit Nachdruck darauf, dass sie einen entspre-

chenden Beutel bekam. Ihr Telefonat mit zu Hause hatte Sie

in dieser Aufregung kurzweilig unterbrochen. Der Pfleger versuchte sie zu beruhigen und versprach ihr, sich um ihr Anliegen zu kümmern. Er wollte noch mal mit der Oberärztin sprechen und im Notfall einen improvisierten Lichtschutzbeutel selbst anfertigen. Kurze Zeit später betrat er den Raum erneut und hatte eine braune Mülltüte sowie einen grünen Folienbeutel in der Hand. Motiviert und glücklich über sein Improvisationstalent fing er an, die Infusion erst mit dem Müllbeutel zu umwickeln und anschließend den grünen Beutel darüber zu stülpen. Als er seine Schere zückte, um den Beutel zurechtzuschneiden, wurde die Dame panisch und befürchtete, er könnte ihren Medikamentenbeutel damit beschädigen. Mittlerweile verlor auch der Pfleger seine Geduld und teilte ihr deutlich mit, dass er seinen Job schon länger machen würde und Sie ihm bitte vertrauen sollte. Sie gab sich geschlagen und verstummte für kurze Zeit.

Erkenntnis des Tages für mich und wichtig, ohne Bewertung dieser Person: So unterschiedlich sind Menschen, so unterschiedlich gehen Menschen mit solch einer Erkrankung um und so individuell ticken unsere Psychen.

Abschließend möchte ich festhalten, die Zeit der Chemotherapie als solches ist eine herausfordernde Zeit für den eigenen Körper und die Psyche. Die Menschen, die mir dort auf der Station begegneten, ihre Erzählungen, ihre Empfindungen und unsere zum Teil tiefgründigen Gespräche, haben es zu einem bewegenden Lebensabschnitt gemacht. Alleine durch diese Tatsache werde ich diesen noch lange in Erinnerung behalten. Ich musste lernen, im Umgang mit Menschen noch offener zu sein und mich nicht zu verschließen. Obwohl ich öfter das Bedürfnis dazu hatte, einfach weil es mir schlecht ging. Außerdem versteht es sich von selbst, dass ich alles andere als Lust hatte, an diesem Ort zu sein. Umso mehr Zeit ich jedoch dort verbrachte, umso mehr habe ich die Begegnungen als Geschenk empfunden und mich, ob positiv oder negativ, daran erfreut.

24.02.2022

Der Angriff Russlands auf die Ukraine an diesem Februar Morgen kam noch als weitere Belastungsprobe in dieser schweren

Phase hinzu. Für mich als schwerkranke Person, die dringend auf die moderne Medizin angewiesen war, damit sich der Krebs nicht durch meinen Körper fressen konnte, war es zum Teil unerträglich, die aktuellen Nachrichten zu verfolgen. Die Ungewissheit, was kommt jetzt auf uns alle zu, was hat diese Situation für Ausmaße, werde ich die Therapie wegen einem möglicherweise bevorstehenden Krieges nicht beenden können und würde diese Tatsache eventuell mein Todesurteil bedeuten? All diese Gedanken machten es zusätzlich schwer und ich ertappte mich manchmal dabei, wie ich hoffnungslos war. Die Angst vor der Endlichkeit waren in den Tagen nach dem Angriff wieder omnipräsent und erneut musste ich mich aus einem mentalen Tief heraus manövrieren. Meine Familie und Freunde, die mindestens genauso verängstigt waren wie ich, stellten nüchtern fest: Wenn es jetzt bald vorbei sein sollte mit unserem Leben, durch diesen sinnlosen und gewalttätigen Krieg nur 1700 km entfernt von unserem behüteten zu Hause, hatten wir bis jetzt doch ein wundervolles Leben. Mit diesem Bewusstsein und tief dankbar für alles, was wir hatten, verfolgten wir in den nächsten Wochen weiter machtlos die Nach-richten. Wohl oder übel mussten wir uns, ob krank oder ge-sund, an die Umstände gewöhnen, denn ein Ende war vorerst nicht in Sicht.

Zum Ende der Chemo Zeit wurde der Weg physisch beschwer-licher, die allgemeine Körperkraft lies nach und manchmal glich mein Treppen steigen, einer vermeintlichen Alpenexpedi-tion mit Flip-Flops. Ich habe versucht, diese schlechte körper-liche Verfassung nach fast 6 Monaten Therapie zu akzeptieren und nicht dagegen zu arbeiten, es einfach hinzunehmen und vor allem dieser nicht zu viel Beachtung zu schenken. Dies gelang mir mal mehr und mal weniger. Besonders zum Ende hin war es genau deswegen schwierig, auf der Zielgeraden nicht die Geduld zu verlieren und die Therapie zu beenden.

17.05.2022

Letzter Chemo Tag und gleichzeitig der Geburtstag meiner Mutter. Meine Gefühle tanzten Polka und ich konnte es kaum erwarten, dass die letzte Dosis endlich angeschlossen wurde. Heute sollte es soweit sein, die Phase, vor der ich am meisten

Respekt hatte, hatte nun endlich ein Ende. Heute war Dosis 16 von 16, ein halbes Jahr vergangen und mein Körper hatte eine Höchstleistung vollbracht. Normalerweise ein Grund, eine fette Party zu feiern, dies ging aufgrund meiner körperlichen Verfassung nur bedingt und in abgespeckter Version. An diesem Morgen hatten wir auf dem Weg zur Klinik fast einen Unfall mit einem anderen Fahrzeug und auf dem Fußweg zur Station geriet der Fahrstuhl mit mir ins Stocken. Kurzzeitig blieb mir die Luft weg und Panik machte sich breit. Ich fing an zu singen, um mich zu beruhigen und nicht die Nerven zu verlieren. Nach einer gefühlten Ewigkeit, tatsächlich aber nur ein paar Minuten, setzte sich der Fahrstuhl wieder in Bewegung und ich stieg auf der nächst möglichen Ebene aus. Den restlichen Weg beschritt ich nun doch lieber zu Fuß über das Treppenhaus. Völlig außer Atem und mit wackeligen Knien erreichte ich die Station. Ich setzte mich erleichtert in den Wartebereich. Auch die hausinterne Apotheke lieferte an diesem besonderen Vormittag erst 3 Stunden später als üblich und während ich im Wartezimmer versuchte, die Zeit totzuschlagen, dachte ich mir: „Vergiss es liebes Schicksal, komme, was wolle, ich ziehe das heute durch!"

An diesem Tag sollte ich hoffentlich das letzte Mal meine Hände und Füße in Eispacks geschoben, das letzte Mal schlafend auf einem Stuhl gehockt, das letzte Mal Small talk mit den anderen Betroffenen und dem Personal gehalten und letztmalig wurde mein Port angestochen. Ich hätte vermutet, ich wäre euphorischer an diesem Tag, aber ganz im Gegenteil, ich war eher in mich gekehrt und wünschte mir, dass ich dieses Kapitel mit dem heutigen Datum endgültig abschließen konnte. 15:15 Uhr und ich hatte es endlich geschafft, ich saß neben meinem Mann im Auto und die Tränenschleusen öffneten sich. Es kam raus, was raus musste. Ein Riesen Ballast fiel mir von den Schultern. Ich war an diesem Tag unendlich glücklich, es geschafft zu haben und gleichzeitig extrem erschöpft. Ich fiel zu Hause auf die Couch und war zu nichts mehr zu gebrauchen. Ich gönnte mir an diesem Nachmittag die Ruhe und war mir sicher, dass in ein paar Tagen die Welt wieder anders aussah.

3.0. OPERATION

Gefühlt vergingen die letzten 5 Wochen wie im Flug. Ich genoss die kurze Pause zwischen Chemotherapie und Operation.

Ich war dankbar und unheimlich stolz auf mich selbst.

Diese Hürde war geschafft und bis auf ein paar Nachwehen hatte ich die Chemiekeule unbeschadet überstanden. Für ewig werde ich meinem Körper dafür dankbar sein.

Täglich versuchte ich mich in kleinen Stepps wieder zurück in meinen Alltag zu kämpfen und in meine alte physische Verfassung. Dabei musste ich mich öfter selbst ermahnen, nicht zu ungeduldig mit mir zu sein. Ich verlor innerhalb kurzer Zeit 4 kg Wasser, welches sich in meinen Beinen und Füßen zu weilen gemütlich gemacht hatte. Meine untere Körperpartie glich in dieser Zeit zweier Litfaßsäulen, die bewegt werden wollten und glaubt mir, das war alles andere als leicht. Zwei Apfelreistage später hatte sich das Wasser endlich verdünnisiert und ich fühlte mich wie ein junges Reh. Meine Figur glich leider so ganz und gar nicht einem umher springenden Bambi, denn während der Chemo und in den Jahren zuvor hatte ich mir einige Kilos angefuttert. Besonders der Bewegungsmangel, bedingt durch die körperlich schlechte Verfassung, hat mir zusätzlich stark zugesetzt. Wie bereits erwähnt, waren nach der medikamentösen Therapie die alltäglichen Abläufe mit einem enormen Kraftakt verbunden. Ich versuchte mich wegen meinem Gewicht nicht zu stressen, denn letztendlich hat das ein oder andere Tortenstück mein Leben in dieser besonderen Zeit im wahrsten Sinne des Wortes: „versüßt".

Bevor die brusterhaltende Operation im Einzelnen besprochen werden konnte, mussten noch weitere Untersuchungen erfolgen und ich bereitete mich intensiv auf meinen Endgegner das MRT vor. Dafür besorgte ich mir an der Arbeit eine 3 mtr Lange Papphülse, in denen wir unser Produkt an unsere Kunden verschicken. Anschließend recherchierte ich den Durchmesser einer Standard MRT Röhre, dieser beträgt circa 62 cm, dies nur als Notiz am Rande. Nachdem ich die Papphülse entsprechend präpariert hatte, konnte ich die bevorstehende Untersuchung so detailgetreu wie möglich in unserem Wohnzimmer nachstellen. Jeden Tag legte ich mich für 25 Minuten bäuchlings in diese selbst gebaute Pappröhre und hörte über Kopfhörer, MRT Geräusche. So simulierte ich das Liegen in einem engen MRT Schacht. Nach einer Woche „Trainingslager" fühlte ich mich diesmal gut vorbereitet und beschloss, mir das Geld für ein offenes MRT 150 km entfernt von unserem Wohnort zu sparen und die Untersuchung in der naheliegenden Klinik machen zu lassen. Natürlich war ich trotz der Übung im Vorfeld fürchterlich aufgeregt, meine klaustrophobischen Ängste hatten mich voll im Griff, und so kam ich nicht drum herum, eine Beruhigungstablette zu nehmen. Aber mithilfe der netten Mitarbeiterin aus der Radiologie und mit meiner Willenskraft schaffte ich es. Schlussendlich war ich unglaublich erleichtert und glücklich über meinen Mut, mich diesmal überwunden zu haben. Das Ergebnis der Untersuchung und der Mammografie waren mehr als zufriedenstellend. In beiden Brüsten war keine Kontrastmittel Ansammlung mehr festzustellen. Es handelte sich um eine sogenannte Vollremission des Tumors. Das heißt, es gab keinerlei Anzeichen auf Restbestandteile des „Arsch-lochs" in meiner Brust und für mich bedeutete dies vorerst:

Ich war Krebs frei!

Ich konnte mein Glück kaum fassen. Der Kampf hatte sich bis hierhin definitiv gelohnt!

Aufgrund der Eigenschaften meines Tumors, der Größe und aufgrund meines Alters entschieden sich die Ärzte für eine Brusterhaltende Operation, in der mir ein Sicherheitssaum im Tumorgebiet und die Wächterlymphknoten entfernt werden sollten.

In der Zeit zwischen dem MRT und dem Operationstermin überwog die Freude über diese hervorragenden Neuigkeiten und ich war extrem erleichtert. Ich versuchte tatsächlich mal komplett abzuschalten und nicht mehr an meine Krankheit zu denken, in den meisten Fällen gelang mir das auch und somit konnte ich unbeschwert mein neues Leben genießen.

23.06.2022

Tatsächlich schaffte ich es in den letzten Wochen, Abstand zu meiner Erkrankung zu gewinnen. An diesem Tag aber glich der erneute Gang zum Brustzentrum einer unüberwindbaren Hürde. Es fühlte sich an, als müsste ich zum Schlachter. Okay, zum Schlachter meines Vertrauens, aber eines stand definitiv fest: Schön war anders.

Um 08:00 Uhr morgens begann der Ärzte Marathon an diesem Tag und ich wurde durch das Labyrinth der Klinik gejagt, als gäbe es kein Morgen mehr. Blutentnahme, OP- Besprechung, Narkosearzt, Radiologie, Nuklearmedizin und Vorstellung beim Professor. Es gab also einiges zu tun. Unter anderem wurde mir ein Draht während einer Mammographie implementiert und zusätzlich eine radioaktive Flüssigkeit in die Brustwarze gespritzt. Heute und Morgen konnte ich mir sicher sein, dass mich jeder im Weltall erkennen würde und die Ärzte während der Operation die hoffentlich richtigen Lymphknoten entfernen würden.

Die Operation war für den nächsten Mittag geplant und ich hatte den Nachmittag Zeit, mich von den Strapazen der Voruntersuchungen zu erholen. Auf dem Stationszimmer angekommen und nachdem ich mich häuslich eingerichtet hatte, spürte ich das erste Mal Ermüdungserscheinungen. Ich war so müde davon, erneut ins Krankenhaus zu müssen, erschöpft von dem letzten halben Jahr und langsam verabschiedete sich auch meine positive Einstellung und Motivation. Genau wie am erste Chemotag hätte ich diese Lokalität am liebsten wieder auf dem schnellsten Weg verlassen. Aber natürlich war mir bewusst, dass diese keine Option war.

24.06.2022

Ich habe die Nacht alleine im Zimmer verbracht, denn meine Zimmernachbarin war noch zur Überwachung auf Intensivstation. Ich wartete gespannt darauf, wer sich mit mir die nächsten Tage das Zimmer teilen würde, denn seien wir mal ehrlich, solch eine Zusammenkunft ähnelt einem „Beschnuppern", wie man es beim Spaziergang mit Hunden kennt. Frau „beschnuppert" sich erst mal, um dann relativ schnell festzustellen, passt es, oder passt es nicht. Am frühen Morgen wurde meine Zimmernachbarin in unser Zimmer geschoben und zu unserer beider Überraschung kannten wir uns bereits von der Chemo. Glücklicherweise mochten wir uns auch. Sichtlich erleichtert atmeten wir beide erst mal auf. Sie hatte eine Mastektomie mit Wiederaufbau hinter sich. Leider wurde bei ihr mit 55 Jahren und nach überstandener Brustkrebs Erkrankung vor 20 Jahren in 2021 erneut Brustkrebs diagnostiziert. Deswegen lies sie sich diesmal beide Brüste amputieren und mit Eigenfett aus dem Bauch wieder aufbauen. Es handelte sich dabei um die sogenannte Deep Flap Methode und solch eine Operation dauerte im Durchschnitt 10 Stunden. Entsprechend geschwächt war sie von dem Eingriff und wir kommunizierten an diesem Tag nur das Nötigste. Erstaunlicherweise war ich vor meiner Operation, während ich auf meinem Krankenbett lag und auf die Abholung wartete, nicht aufgeregt, sondern eher genervt von der Tatsache, erneut gegen die Krankheit kämpfen zu müssen. Die Wartezeit bis zur Operation am Mittag vertrieb ich mir mit Instagram und einem Buch. Meinen knurrenden Magen versuchte ich dabei dezent zu ignorieren und meinen trockenen Mund spülte ich immer mal wieder mit Wasser aus. Um Punkt 12 ging die Zimmertür endlich auf und ich wurde mitgenommen in die Katakomben der Klinik. Meine bisherige Gelassenheit verdünnisierte sich und eine extreme Anspannung machte sich bei mir breit. In Vorraum zur „Hölle", dem Vorzimmer der Operationssäle, kullerten mir unaufhaltsam ein paar Tränen die Wange hinunter. Nach einer weiteren langen Stunde Wartezeit in dem klimatisierten Keller ging es endlich los. Zwei Schwestern versuchten mir die Braunüle zu legen, was sich allerdings als schwieriges Unterfangen entpuppte, denn sämtliche Venen waren durch die wöchentlichen Blutentnahmen und durch die Chemo so in Mitleidenschaft gezogen, dass sie platzten oder wegrutschten. Mittlerweile waren beide Ellenbogen Bereiche, beide Handrücken und die Pulsader Regionen zerstochen und zum Teil eingeblutet. Die Fachkräfte sahen nur noch die Möglichkeit, meinen großen Zeh zu benutzen. Geduldig hatte ich bis hierhin die Tortur über mich ergehen lassen, aber genug war genug. Alleine die Vor-

stellung, eine Braunüle im großen Zeh stecken zu haben,

machte mich verrückt und ich legte mein Veto ein. Ich bat

darum, es an meinen Unterarm Rücken zu versuchen und

schlussendlich klappte es dort. Endlich wurde ich in Narkose-

gelegt und bekam von dem eigentlichen Akt nichts mehr mit.

Im Zuge dieser Operation wurde auch gleich der Port entfernt,

die Ärzte waren sich einig, dass die Prognosen für mich gut

standen und somit sprach nichts und niemand gegen diese

frühe Entnahme. Um 16:00 Uhr war ich wieder auf dem Zim-

mer und verschlief die restlichen Stunden des Tages.

Gottlob hatte ich nach dem Eingriff keinerlei Schmerzen, die

Wundheilung verlief ebenfalls komplikationslos und selbst

das Wundschlauch ziehen verlief ganz anders als erwartet.

Meine schlechten Kindheitserinnerungen daran konnten wider-

legt werden und nach 5 schwül-heißen Tagen in der Klinik

durfte ich endlich nach Hause und konnte mich dort vollstän-

dig erholen. Zu Hause und kurz nach dem Eingriff war meine

Motivation wieder in Höchstform, denn abermals war ein wichtiger Schritt geschafft. Ich nahm mir fest vor, die kommenden Wochen zwischen Operation und geplanter Bestrahlung zu nutzen, um wie ein Hund es machen würde: „Meine Wunden zu lecken" ;-)

Bis hierin hatte mein Körper so viel geleistet, es war dringend notwendig, ihm Gutes zu tun und sich liebevoll um ihn zu kümmern.

5.0. BESTRAHLUNG

Erstens kommt es anders und zweitens als man denkt.

Aus dem wunden Lecken wurde nichts, denn es folgte das erste emotionale Tief. Ich musste akzeptieren, dass nichts mehr so war wie vorher. Ich fühlte mich emotional erschöpft, ich musste viel weinen, manchmal aus heiterem Himmel und ohne Grund. Ich wusste, dass dies passieren würde und war aufgrund von Erfahrungsberichten anderer Betroffener in der Theorie darauf vorbereitet, aber in der Praxis schmerzte es unerwartet und heftig. Meine Seele war müde und ausgelaugt. Ich fühlte mich ausgesaugt und zum Teil hoffnungslos, obwohl ich mich doch hätte freuen müssen. Ich hatte es bis hierin geschafft, habe alles getan, was getan werden musste und dies auch erfolgreich, aber ich war trotzdem traurig und nie-dergeschlagen. Zusätzlich war mein Körper geschwächt von der Tortur der letzten Wochen und Monate, es zwickte an sämtlichen Stellen, Zahnfüllungen und Kronen fielen zum Teil einfach raus und mein Rücken zwang mich im wahrsten Sinne des Wortes in die Knie. Ein Arztbesuch nach dem anderen bestimmte die Zeit zwischen Operation und Bestrahlung. Zwei MRT Untersuchungen später, ich war ja nun ein Profi, stand fest, dass ich im Lendenwirbel Bereich sowie in meinen Sprunggelenken eine leichte Arthrose hatte. Mit dieser Diagnose fühlte ich mich endgültig wie eine alte Frau und hierbei muss ich wahrscheinlich nicht extra erwähnen, dass dies für meinen Gemütszustand nicht unbedingt förderlich war.

Nach dem Untersuchungsmarathon der letzten Wochen fand Ende Juli mein Gespräch zur Bestrahlung in der Klinik statt. Wieder raus gekämpft aus dem mentalen Tal, fuhr ich frohen Mutes und beschwingt mit Vorfreude auf die am morgigen Tag startenden Sommerferien zu dem Gespräch in die Klinik.

Der Arzt empfing mich fröhlich und bat mich zu sich herein, um die bevorstehende Behandlung mit mir zu besprechen. Er war mir von Anfang an sympathisch und mit seinem leichten thüringischen Akzent brachte er mich mehrfach zum Schmunzeln. Er erläuterte mir, dass er bei meinen vorausgegangen Tumorkonferenzen dabei war und mit meinem Fall deswegen vertraut wäre. Er und seine Kolleginnen und Kollegen waren bis hierher mit dem Verlauf der Therapie und der vollständigen Auflösung des Tumors außerordentlich zufrieden, den einzigen kleinen Dämpfer, den es ja gegeben hätte, wäre die Mikrometastase in einem der entfernten Wächterlymphknoten gewesen. Bäääämmm, das saß!

Mein Kopf fing an zu kreisen, der Raum drehte sich und seine darauf folgenden Worte nahm ich nur noch unter einem grauen Schleier wahr. Hatte ich das gerade richtig gehört? 4 Wochen nach der Operation bekam ich beiläufig gesagt, dass die Pathologie eine Mikrometastase in einem der Lymphknoten festgestellt hatte?! Ich war schockiert, wütend, enttäuscht und genervt. Der Arzt bemerkte schnell, dass meine Gefühle in diesem Moment nicht hinterherkamen. Er erkundete sich bei mir: „Ich dachte Sie wüssten das und man hätte Sie entsprechend informiert". Aber nein, dies hatte man leider nicht.

Zwei Wochen nach der Operation rief mich eine Vertretungsärztin an und informierte mich telefonisch, dass bei der Operation alles reibungslos verlaufen wäre und der Tumorsaum im

Gesunden entfernt wurde, ebenfalls waren die entnommenen Lymphknoten tumorfrei. Was auch immer dazu geführt hatte, dass die Kommunikation in diesem Fall versagt hat, war dieser Moment ein derber Rückschlag, den es erst mal zu verkraften galt.

Der Arzt versuchte mich zu beruhigen und mir zu erklären, dass der Lymphknoten letztendlich vorbildlich seinen Job erledigt hätte, indem er die Tumorzellen gefiltert bzw. am Weiterwandern gehindert hatte. Die Minimetastase wurde in dem ersten der 3 entfernten Lymphknoten festgestellt, in den anderen beiden wurde zum Glück nichts gefunden. Ehrlicherweise sagte man mir aber auch, dass sie sich selbst nicht ganz erklären konnten, warum der Tumor so gut auf die Chemo reagiert hatte und erst post operativ und nach Chemotherapie weiteres Tumorgewebe festgestellt wurde. Im Oktober letzten Jahres bei den Staging Untersuchungen waren die Lymphknoten unter Kontrastmittelgabe völlig unauffällig, warum sich da nach Therapieende so etwas gebildet hat oder ob es vorher übersehen wurde, kann man im Nachhinein nicht mehr rekonstruieren. Aber genau dies zeigte erneut, wie tückisch diese Krankheit eben ist und manchmal leider auch unberechenbar. Ich war nicht mehr fähig, an diesem Tag etwas zu tun, seit geraumer Zeit streikte mein Körper, wenn er psychisch zu belastet war. Ich musste mich ausruhen, verarbeiten, was mir gesagt wurde, die Angst unter Kontrolle bekommen und mich von dem Schock erholen. Für mich galt es in Zukunft mit dieser Ungewissheit zu leben und überhaupt solche Rückschläge wegzustecken und anzunehmen. Ich nahm es an, gab meinem Körper die Ruhe, die er die Tage danach brauchte und beschloss, nach unserem Urlaub wieder „anzugreifen" und die Bestrahlung und die weitere Heilung zu einem vollen Erfolg werden zu lassen. Wie heißt es so schön: Manchmal ist Mut, die kleine Stimme am Ende des Tages, die sagt, ich versuche es morgen noch einmal. So fuhren wir erst mal in den Urlaub und tankten Kraft für den nächsten Akt.

Nachdem ich in diesem Urlaub meine erste Corona Infektion erfolgreich abgehakt hatte und wir wieder heil in Deutschland angekommen waren, ging es ein paar Tage später los mit der nächsten Etappe der Akutbehandlung. Es war vorgesehen, die Tumorregion intensiv zu bestrahlen und die Region der entnommenen Wächterlymphknoten ebenfalls mit einzubeziehen. Ich vertraute auf das vorgeschlagene Prozedere, und so holte mich das Taxi am 15.08.2022 zu meinem ersten Bestrahlungstermin ab. Ich fuhr mit gemischten Gefühlen dahin, denn mal wieder ermüdete mich dieses erneute Aufraffen auf meinem Heilungsweg. In der Klinik angekommen, wurde ich freundlich begrüßt und kam zügig dran. Erst wurden Bildaufnahmen meiner Brust gemacht, danach wurde ich erneut angezeichnet und anschließend erfolgte die erste Bestrahlung. Ich lag auf der harten Schiene des Bestrahlunggerätes und fühlte mich dieser Situation und dieser Krankheit mal wieder ausgeliefert. Mein Herz fing stark zu pochen an und meine Luft unter der FFP2-Maske schien zu schwinden. Ich war aufgeregt, wohlweislich, das dies nicht schmerzhaft sein würde, aber alleine die liegende Position und das monströse Gerät machten mir Angst. Der Raum war riesig, eine Wand war in tiefem Rot gestrichen und die Türen waren 1 Meter dick. An der Seite lagen und hingen etliche Strahlenschutzschienen in Kopfform. Diese Spezialanfertigungen waren auf den Kopf ihrer Patienten angepasst und diese Schienen schauten mir in diesem Moment still zu. Ich musste darüber nachdenken, was viele Leute mir in letzter Zeit sagten: Ich hatte den größten Teil schon geschafft. Das war richtig, ich hatte 2/3 der Behandlung bereits hinter mich gebracht, aber ich fühlte es gerade nicht. Meine Seele und mein Körper waren nicht frei von alledem, was in den letzten Monaten passiert war. Es brauchte Zeit, bis alles heilen konnte, auch wenn der Tumor nicht mehr da war, war der Brustkrebs immer noch ein Thema in mir, denn ich kämpfte mit den Nebenwirkungen dieser Erkrankung. Hitzewallungen, Schlafstörungen, Stimmungsschwankungen, Gelenkschmerzen und Ängste waren meine ständigen stillen Begleiter in meinem Alltag und niemand sah mir das augenscheinlich an. Ich war nicht von heute auf morgen gesund, nur weil ich krebsfrei war. Meine Seele und mein Körper brauchten Zeit zum Heilen, dies spürte ich in diesem Augenblick wieder einmal deutlich. Ab sofort holte mich das Taxi täglich ab, um mich eine halbe Stunde in die Klinik zu fahren und im Anschluss wieder nach Hause zu bringen. Ich gewöhnte mich schnell an das Prozedere und ich war in kürzester Zeit routiniert darin. Die Behandlung als solche belief sich nur auf wenige Minuten, somit waren die Anreise, das Umziehen und die Rückfahrt das zeitaufwendigste daran.

Auf dem Weg hin und zurück kam ich mit unterschiedlichen Taxifahrern ins Gespräch, erfuhr zum Teil persönliche Geschichten aus ihrem Leben und durch diesen Kontakt fühlte es sich ein bisschen nach „Arbeit" an. Es war ein Stück Normalität, die ich dadurch zurückerlangte, es war mein Job, diesen täglichen Gang zu beschreiten und mich dabei mit mir fremden Menschen auszutauschen. Auch die Angestellten in der Strahlentherapie machten es einem leicht, Kontakt zu knüpfen und miteinander zu lachen und sich näher kennenzulernen. Auch wenn unsere täglichen Begegnungen nur kurz waren, fühlte ich mich dort willkommen und genoss die sogenannten „Small Talks" mit den Damen und Herren dort. Es gab meinem Alltag wieder eine Struktur, die mir gut tat und es mir leicht machte, diese letzte Etappe durchzuziehen. So dann ereilte mich auch der Impuls, wieder arbeiten zu gehen, die Geschichte langsam abzuschließen und wieder durchzustarten. Aber immer wenn ich dies in Gedanken durchspielte, gesellte sich auch eine skeptische und ängstliche Stimme dazu und antwortete: Was, wenn der Krebs wieder kommt!

Diese Angst nicht zu wissen, ob er wieder kommt, oder wenn ja, wann, raubte mir in dieser Zeit oftmals den Schlaf und die Freude über das, was ich bis hierhin erreicht hatte, wurde dadurch überschattet. Ich spürte, das mein Weg noch nicht zu Ende war, dass dieses Vorhaben übermütig gewesen wäre und falscher Ehrgeiz an dieser Stelle nicht angebracht war.

Zusammen mit der Sozialstation der Klinik beantragte ich nach der Hälfte der Bestrahlungen die sogenannte Anschlussheilbehandlung und ich erlaubte es mir hierbei, nach den Sternen zu greifen. Ich wurde darüber aufgeklärt, dass mir nur wohnortnahe onkologische Rehakliniken genehmigt werden könnten. Der nette Herr nannte mir die beiden infrage kommenden Kliniken, und mein erster Gedanke daran löste sofort Heimweh aus. Ich kannte beide Kliniken durch Aufenthalte meiner Schwiegermutter, und für mich stand sofort fest, bevor ich in eine dieser Kliniken ging, machte ich lieber keine Reha. Sofort bekam ich zu spüren, dass von dem Herrn von der Sozialstation mit wenig Verständnis zu rechnen war. Er ratterte sein Programm runter und war so emphatisch wie ein Stein. Schade, denn ich hatte mir eigentlich mehr erhofft von diesem Gespräch und wäre über ein paar hilfreiche Tipps und Erfahrungswerte des Experten dankbar gewesen. Ich übernahm deshalb selbst das Zepter bei diesem Gespräch und bat ihn als Wunschklinik, die Nordseeklinik auf Sylt einzutragen. Der reservierte Herr trug dies kommentarlos ein, klärte mich darüber auf, dass die Bearbeitung des Antrages circa zwei bis drei Wochen in Anspruch nehmen würde und beendete danach das Gespräch. Wir wünschten uns einen guten Weg und sahen uns nie wieder. Nun galt es abzuwarten, aber sei es drum, ich war ja beschäftigt bis dahin.

Körperlich ging es mir step by step besser, ich spürte, wie ich wieder fitter wurde und länger durchhielt. Natürlich brauchte ich immer noch Pausen in meinem Alltag und war noch lange nicht wieder auf dem Niveau wie zuvor, trotzdem war ich glücklich über diesen neuen Zustand und erfreute mich daran. Was mir allerdings regelmäßig zu schaffen machte, war der Zustand der medikamentös herbeigerufenen Wechseljahre und der Antihormontherapie. Diese Kombination aus Medikamenten glich gefühlsmäßig einem Ritt auf einem Wildpferd. Manchmal durchstreifte dieses Pferd ein tiefes Tal der Tränen und lies sich nur schwer wieder einfangen. Übrigens jeder, der dem Gaul in dieser Zeit über den Weg lief, musste damit rechnen, umgerannt zu werden oder einen Tritt abzubekommen. Für die lieben Menschen um mich herum war dies zuweilen eine große Herausforderung.

Da das Rezidiv Risiko innerhalb der ersten zwei Jahre laut den Ärztinnen und Ärzten am höchsten ist, bekam ich in dieser Zeit weiterhin Zoladex. Dieses Mittel unterdrückt die Hormonproduktion in den Eierstöcken, und weil ich einen hormonabhängigen Tumor hatte, galt es, die Produktion von Östrogenen und Progesteron weitestgehend zu vermeiden. Bewusst wurde nur ein Zeitraum von zwei Jahren dafür gewählt, denn man erklärte mir, dass die zu früh einsetzenden Wechseljahre auch Folgen für die Patientinnen haben können. Durch das fehlende Hormon Östrogen besteht ein erhöhtes Osteoporose Risiko, denn je früher eine Frau in die Menopause geschickt wird, desto weniger werden ihre Knochen „geschmiert" und sie werden instabiler. Kurzum, ich war schlichtweg zu jung für den ganzen Scheiß. Aber danach fragte ja keiner. Besonders der Krebs nicht. Seit der Bestrahlung hatte ich mit der Antihormontherapie begonnen, Tamoxifen heißt der Stoff, den ich für die kommenden 7 Jahre täglich zu mir nehmen sollte. Im besten Fall schleicht sich dieses Mittel an der Krebszelle vorbei, setzt sich in die geöffnete Lücke der Zelle und blockiert dadurch die weitere Zellteilung. Dieser Teil der Therapie gegen den Krebs umfasste den längsten Zeitraum und war durch die einhergehenden Nebenwirkungen auch nicht zu verachten. Immerhin konnte man damit aktiv etwas gegen die potenzielle

Gefahr eines Rezidivs tun. Das war im Gegensatz zu der Variante eines Triple negativen Tumors ein deutlicher Vorteil, und dies galt es sich auch immer wieder vor Augen zu führen, besonders dann, wenn der Mustang mal wieder mit einem durchging und man ihn einfangen und beruhigen musste.

11.09.2022

Ich wachte aus einer ausnahmsweise angenehmen Nacht auf und verrichtete meinen morgendlichen Gang zur Toilette. Der Unterschied zu den anderen Morgen seit 10 Monaten war, dass ich das erste Mal ohne Schmerzen auftrat. Zum ersten Mal seit Wochen und Monaten lief ich, ohne das mir meine Füße oder meine Gelenke nach dem Aufstehen wehtaten. Halleluja!

Es handelte sich dabei um die sogenannten Anlaufschmerzen. Diese begleiteten mich nun seit geraumer Zeit und wenn ich in der Öffentlichkeit länger saß, erhob ich mich vom Stuhl wie eine Seniorin. Anschließend dauerte es circa 20 Meter, bis sich dieser Zustand ein wenig normalisierte. Es war mir sehr unangenehm, denn die Leute schauten mich skeptisch an und wunderten sich, warum ich so auffällig und abgehakt vom Tisch aufstand. Je länger meine Haare wurden, umso weniger sah man mir meine Erkrankung an, darüber war ich zweifelsohne glücklich und froh, jedoch war dieses Gangbild eben untypisch für eine Frau meines Alters. An diesem speziellen Sonntag konnte ich mein Glück kaum fassen und war einfach nur überglücklich. Ein Tag, an dem ich die ganze Welt umarmen hätte können und den ich mit meiner Familie gemeinsam sehr genoss. Diesem Hoch folgte jedoch am darauffolgenden Tag ein Rückschlag, die Gelenke taten wieder weh und raubten mir erneut den Schlaf. Ich war so steif beim Laufen und im Ruhemodus fühlte es sich an, als ob mir jemand ein Messer in meine Fußgelenke bohrte. Meine Handgelenke und Hüfte schmerzten ebenfalls und fühlten sich dick und schwer an. Erst nach Einnahme von Schmerzmitteln wurde es besser und einmal mehr durfte ich nicht verzweifeln, musste weiter machen, mich von diesen Schmerzen und diesem Rückschlag nicht runterziehen lassen und optimistisch bleiben.

Mitte September hatte ich 22 Bestrahlungen erfolgreich hinter mich gebracht, davon 16 normale und 8 Booster Bestrahlungen. Die Haut meiner rechten Brustwarze schälte sich und musste sich anschließend erneuern. Die Haut über meiner Lymphknoten Narbe sowie unter meiner Brust war wund und dunkel gefärbt, aber diese Wehwehchen waren gut auszuhalten und im Vergleich zu den vorausgegangen Therapiemaßnahmen das kleinere Übel. Am letzten Tag der Bestrahlung überraschte ich das Team der Klinikabteilung mit einem frisch gebackenen Streuselkuchen und verabschiedete mich auf hoffentlich nimmer wieder sehen. Wenn mich aber nicht alles täuscht und ich richtig informiert bin, darf man nur einmal an einer bestimmten Stelle bestrahlt werden, von daher standen die Chancen, sich nicht wieder zu sehen, recht gut.

Ich schaffte es endlich, mich nach der Bestrahlung, dazu durchzuringen mit Yoga anzufangen. Fast jeden Morgen „schenkte" ich mir jetzt eine Stretchingeinheit und dies tat mir erstaunlich gut. Ich zog es durch und fand Gefallen daran. Es erdete mich, ließ mich zur Ruhe kommen und machte mich beweglicher in meinem Alltag. Diese deutlich spürbaren Veränderungen spornten mich an, weiter zu machen. Spontan meldete ich mich für November bei einer Yogareise für Brustkrebspatientinnen an und war gespannt, was mich dort erwarten würde. Der ersehnte Bescheid für meine Anschlussheilbehandlung flatterte ebenfalls ins Haus und gespannt öffnete ich den dicken Umschlag, um zu schauen, ob mir meine Wunschklinik genehmigt wurde. Und was soll ich sagen: JA! Ich durfte meine Reha auf Sylt verbringen. Ich war überglücklich und erleichtert, denn für mich stand fest, dies ist genau der richtige Ort, um sich von den Strapazen zu erholen. Sylt ein Sehnsuchtsort seit einer Klassenfahrt im Jahre 1994. Ein Teil meines Herzens habe ich bei diesem Besuch an Sylt verloren und es fühlte sich absolut richtig an, nach so vielen Jahren zurückzukehren, um dort den Krebs endgültig zu verabschieden. Ich malte mir aus, wie ich mit meinem Fahrrad in der freien Zeit die Insel erkundete und mir die frische Herbstbrise um die Nase blasen ließ. Wie ich barfuß im Sand laufen würde, mein

Buch zu Ende schreiben würde und mich einfach mal voll und ganz auf mich konzentrieren würde. Freudig erwartend rief ich in der Klinik an und fragte, wann ich mich auf den Weg machen dürfte. Die Ernüchterung kam prompt und ließ mich kurz sprachlos werden. 5 Monate Wartezeit! Ich konnte somit frühestens im Januar oder Februar diese Reha antreten. Meine romantischen Vorstellungen von spätsommerlichen Sonnen Tagen auf Sylt wurden kurzzeitig überschattet von der Aussicht auf graue, regnerische und kalte Wintertage auf der Insel. Zugegebenermaßen war das natürlich klagen auf hohem Niveau, und ich zwang mich, mich wieder zu beruhigen. Meine innere Stimme sagte mir aber, dass es richtig war, solange zu warten und die kalte Jahreszeit sicherlich auch seinen Reiz hatte. Also wartete ich bis dahin geduldig auf den Antritt der Reha und beschloss, diese Zeit zu nutzen und Dinge zu erledigen, zu denen mir die letzten Jahre die Zeit fehlte. Gelegentlich bekam ich einen Anflug von schlechten Gewissen. Mein Pflichtbewusstsein und mein Ehrgeiz ließen mich regelmäßig daran zweifeln, mir diese Zeit zu gönnen. Oft dachte ich, ich müsste nun wieder funktionieren, müsste Output bringen und nicht nur „sinnlos" vor mich hinleben. Ich zwang mich dazu, solche Gedanken von mir zu schieben, ich tat nämlich etwas ganz Entscheidendes in dieser Zeit, ich kümmerte mich um meine Gesundheit. Im besten Fall führte dies dazu, dass ich langfristig gesund bleiben würde. Ein besseren und größeren Output könnte es doch nicht geben, oder?! Meine Psyche und auch mein Körper, der immer wieder streikte, wenn meine Seele nicht hinter her kam, waren schlichtweg noch nicht bereit, um wieder ins Büro zurückzukehren. Nur wenn ich genug Energie hatte, konnte ich diese auch an meine Familie abgeben und dies hatte oberste Priorität. Ich habe die Therapie ohne Unterbrechung durchgezogen, dabei habe ich mich nicht hängen lassen und immer gekämpft. Ich habe erkannt, welche Stärken ich bei mir selbst abrufen kann, wie optimistisch und Lebens bejahend ich bin, und das galt es nun endlich zu honorieren und zu schützen. Ich wusste mittlerweile sehr gut, dass meine Diagnose ein derber Schlag ins Gesicht war, und für mich stand fest, ich durfte mich von nichts und niemanden auf meinem Heilungsweg abbringen lassen. Als ich in dieser Zeit davon erfuhr, dass ein Leberfleck an meinem Bauch eine Vorstufe von schwarzem Hautkrebs war, waren meine letzten Zweifel behoben und ich wusste, ich musste mich weiter auf meine Gesundheit konzentrieren.

Parallel dazu habe ich die letzten Monate meinen Seelen Schrank ausgemistet. Zusammen mit meiner Psychotherapeutin, die mich seit Beginn meiner Behandlungen begleitete, habe ich Stück für Stück mein Innerstes nach außen getragen und mich selbst sortiert. Bereits als Kind habe ich gelernt, das meiste mit mir selbst auszumachen und regelmäßig über meine Grenzen zu gehen. Aber ich nahm mir ab sofort vor, dass nicht jede Grenze ohne Hilfe von anderen Menschen überwunden werden musste. Seit Anbeginn der Therapie habe ich diese Hilfe in Anspruch genommen und war unglaublich dankbar dafür, eine Therapeutin gefunden zu haben, die ich mag und die mir half, mich weiterzuentwickeln. Wöchentlich trafen wir uns für eine Stunde und mit ihr konnte ich die Dinge besprechen, mit denen ich meine Liebsten nicht belästigen wollte. Sie war diejenige, die die richtigen Fragen stellte, die mich durch ihre Kommentare zum Nachdenken anregte und die mir half, mich selbst mehr zu lieben und zu akzeptieren.

Leider musste die Stelle des entfernten Muttermales erneut nachgeschnitten werden. Die zuvor entnommene Stanze war leider komplett betroffen, und deshalb musste die Stelle tiefer und weiter ausgehöhlt werden. Ich hatte somit erneut eine Wunde, die erst mal heilen musste und diese Tatsache bremste mich körperlich erneut aus. Mein regelmäßiges Yoga Programm wurde durch diese Operation unterbrochen und eigentlich wollte ich endlich doch nur eines, nämlich wieder gesund werden und bleiben. Ich wollte keine Zeit mehr verlieren, wollte nicht immer wieder meine körperlichen Errungenschaften einbüßen, um mich erneut danach zurück zu kämpfen, aber ich musste es, und wer wusste schon, für was es gut war.

15.10.2022

Seit Tagen beschäftigte mich dieses Datum, denn es war der Tag meiner Diagnose vor genau einem Jahr. Die Erinnerungen an den Tag kamen unaufhaltsam hoch, und ich lies gezwungenermaßen vieles Revue passieren. Der Anruf der Ärztin, die Gespräche zwischen meinem Mann und mir sowie das Gespräch mit unserer Tochter im Anschluss. Das Mitteilen der Diagnose an meine Eltern und meine Verwandtschaft, alles lebte wieder auf und trieb mich um. Ich hatte mich für diesen Morgen für eine Patientenveranstaltung über Komplementärmedizin während einer Krebsbehandlung angemeldet und besuchte an diesem Vormittag die Klinik, um mich dort über mögliche Optionen zur ganzheitlichen Behandlung und Heilung zu informieren. Zumindest aus medizinischer Sicht genau das richtige an diesem besonderen Jahrestag. Danach gönnte ich mir eine Auszeit im Wald, schöpfte Kraft in der herbstlichen Natur und abends entspannten wir mit leckerem Essen als Familie und gemeinsam vor dem Fernseher. Ich hätte erwartet, dass ich mich an diesem Tag mehr gefreut hätte, aber

dem war nicht so. Meine Freude darüber, dass ich es bis hierhin geschafft hatte, war eher verhalten. Ich war still und in
mich gekehrt und gefühlt immer noch zu erschöpft, um mich
überschäumend zu freuen. Vielleicht spielten aber auch unter-
schwellig Zweifel eine Rolle, und ich wollte mir dies nicht ein-
gestehen. Denn niemand konnte mir eine Garantie geben,
dass ich tatsächlich gesund bleiben würde. Ehrlich gesagt war
ich sogar froh, als der Tag vorbei war und ich mich wieder auf
meine Genesung konzentrieren konnte, ohne abgelenkt zu
sein, von sentimentalen Gefühlen und Erinnerungen. Ich wollte endlich wieder nach vorne blicken und loslassen, nicht mehr
reflektieren, sondern meinen Fokus auf meine gesunde Zukunft richten und das Leben genießen.

Insbesondere deswegen freute ich mich sehr auf das gebuch-
te Yoga Wochenende in der Heide, welches unmittelbar bevor-
stand. Ich beschloss, alleine mit dem Auto dahin anzureisen,
denn ich wollte mir unbedingt noch Lüneburg anschauen, bevor ich in das etwas abseits gelegene Hotel eincheckte. Ich
verbrachte den sonnigen Vormittag in dem niedlichen kleinen

Städtchen Lüneburg und genoss die kleine Auszeit aus meinem Alltag. Während ich durch die Gassen schlenderte, war ich gespannt darauf, was mich die nächsten Tage erwarten würde. Nachdem ich alle Hotspots der Stadt abgeklappert hatte, machte ich mich auf dem Weg ins Hotel, um dort die weiteren Teilnehmerinnen kennenzulernen.

Ich bezog mein geräumiges Zimmer, richtete mich gemütlich ein und ruhte mich kurz auf dem Bett aus, bevor ich im Foyer des Hotels auf die anderen Damen traf. Es war ein bunt gemischter Haufen Frauen von Anfang 30 bis Ü 60 Jahren. Entgegen meinem Naturell saß ich anfangs etwas skeptisch und zurückhaltend in der Lobby, füllte die Fragebogen zu meinem aktuellen Befinden aus und beäugte die anderen in Ruhe. Gemeinsam liefen wir zu dem Seminarraum, um das Wochenende dort „offiziell" einzuläuten. Auf dem Weg dorthin zweifelte ich ein wenig und bekam einen leichten Anflug von Heimweh. Seit ein paar Tagen ging es mir mental wieder ziemlich schlecht, das Wildpferd stattete mir einen Besuch im Vorfeld ab und zwang mich wieder dazu, mit demselben einen Ritt durch die Prärie zu machen. Ich war also auf der einen Seite sehr gespannt und in freudiger Erwartung auf der anderen Seite war ich emotional ausgelaugt und hätte eigentlich lieber abgebrochen. Aber wie immer im Leben kann man sich den richtigen Zeitpunkt nicht aussuchen, und das Wochenende fand JETZT statt und nicht, wenn es mir wieder besser ging. Außerdem muss man manchmal seine Komfortzone verlassen, um Großes zu erleben, redete ich mir gut zu und motivierte mich damit selbst. Somit versuchte ich so unvoreingenommen wie möglich und so offen wie nötig zu sein. Wir setzten uns in den Stuhlkreis und das Konzept dieser Reise wurde uns von den zwei Gründerinnen vorgestellt und erläutert, anschließend stellten wir uns nacheinander vor und eröffneten diese Veranstaltung mit einem gemeinsamen Tanz. Das war der Punkt, wo ich innerlich dachte: Wo um Himmels Willen ist der Alkohol, damit ich diese Peinlichkeit überstehe? Es fühlte sich mehr als befremdlich an, mit Menschen, die man nicht kennt, und in einem hell erleuchteten Raum einfach los zu tanzen. Ich dachte sofort daran, dass, wenn mein Mann in diesem Moment dabei gewesen wäre, er JETZT die Veranstaltung verlassen hätte. Ich lies mich genau wie die anderen Frauen darauf ein und tanzte einfach weiter. Ich bewegte mich wie früher im Club, nur ohne Schwarzlicht und sexy Outfit. Nachdem sich meine Scham gelegt hatte und die Musik verstummte, fühlte ich mich durchaus wohler und wen wundert's auch ein wenig lockerer als noch vor einer Stunde. Es fühlte sich aber immer noch ein wenig suspekt an, und in diesem Moment fiel es mir schwer zu glauben, dass dieses Wochenende mir etwas bringen würde. Wir bekamen den Ablaufplan für die nächsten zwei Tage mitgeteilt und aßen anschließend zusammen zu Abend. Nachdem sich alle die Teller am Buffet aufgefüllt hatten, schlemmten wir genüsslich und quatschten bis zur späteren Stunde. Zu meiner Überraschung waren es tolle Gespräche, die wir an diesem Abend führten. Außerdem war da wieder dieses unsichtbare Band zwischen Betroffenen, denn obwohl wir uns erst seit zwei Stunden kannten, führten wir tiefgründige Gespräche. Es tat gut, dass es anderen ähnlich ging und niemand eine Erwartung an mich hatte. Die meisten, mit

denen ich mich unterhielt, verstanden warum, es mir manchmal eben noch nicht so gut ging. Im Anschluss ging ich zufrieden und in Vorfreude auf die morgigen Programmpunkte
ins Bett. Wiedererwartend schlief ich auf recht gut, eher ungewöhnlich für mich, vor allem in der ersten Nacht und in
fremder Umgebung. Nach dem Frühstück gingen wir gemeinsam schweigend spazieren. Niemand durfte reden, Dinge
kommentieren oder Einwohner des Ortes grüßen, sondern
jede Teilnehmerin sollte sich darauf konzentrieren, ihre Umgebung bewusst wahrzunehmen. Ehrlich gesagt, kam mir das
gar nicht so ungelegen, denn nach dem kommunikativen
Abend zuvor war dies für mich genau der richtige Start in den
Tag. Es war bitter kalt an diesem Morgen, ohne Mütze und
warme Kleidung wäre es ziemlich unangenehm geworden.
Bevor es losging, hatte ich mich warm eingemummelt und
erfreulicherweise schien die Sonne an diesem Morgen. So das
die Pferdekoppeln und Wiesen um das Hotel herum in den
schönsten herbstlichen Farben erstrahlten. Der Morgentau
über den Wiesen war herrlich anzusehen und mystisch zu-

gleich. Wir liefen an den typisch für diese Gegend verklinkerten Häusern vorbei und passierten dabei einen Offenstall mit Kälbchen, die uns verwundert anstarrten. Wir fielen natürlich auf in unserer großen schweigenden Gruppe von circa 30 Frauen. Selbst als uns eine Einwohnerin des Ortes mit dem Fahrrad überholte und uns dabei freundlich grüßte, durften wir nur nicken, anstatt zurückzugrüßen. Es fühlte sich unhöflich an, ihr nicht zu antworten und ich mochte nicht darüber nachdenken, was sie wohl in diesem Moment dachte. Den Rückweg beschritten wir in zweier Konstellationen, um uns gegenseitig zu berichten, was wir auf unserem Weg um uns herum wahrgenommen haben. Wir wählten uns eine Partnerin, mit der wir bis dato noch nicht viel gesprochen hatten, und erzählten uns gegenseitig, was uns im Gedächtnis blieb auf unserem Spaziergang. Am Ende trafen wir uns in dem Hotelgarten, stellten uns in einem Kreis auf und schlossen die Augen. Wir saugten die frische Morgenluft tief in unsere Lungen ein und hielten kurz inne. Als nächstes stand Yoga auf unserem Programm, wir verteilten die Matten in dem großen

Raum, jeder suchte sich einen für sich angenehmen Platz und starteten anschließend mit einer für mich komplett neuen Yoga Erfahrung: dem Schüttelyoga. Zu afrikanischen Trommelgeräuschen schüttelten wir sämtliche Gliedmaße unseres Körpers aus, und nach kurzer Zeit schüttelte ich mich in Trance. Auch wenn wir ziemlich bescheuert dabei aussahen und ich mir ein Schmunzeln nicht unterdrücken konnte, fand ich irgendwie Gefallen daran, denn es tat mir unwahrscheinlich gut, mich auszuschütteln. Eine der Organisatorinnen begleitete diese Einheit mit sanften Monologen, sie animierte uns dabei, alles Negative von uns abfallen zu lassen und unsere Gliedmaßen zu lockern. Nach 5 Minuten hatte dieser Spaß ein Ende, und wir fingen mit klassischem Yoga Übungen an. Am Ende gab es zur Belohnung eine gemeinsame Meditation. Zu diesem Zeitpunkt wusste ich noch nicht, ob dies eine Belohnung werden würde oder wieder eine Aktion, die ich einfach durchstehen musste. Während dieser Entspannung begaben wir uns gedanklich auf die Reise in den Himmel, wo wir am Ende einer Treppe auf unser junges Ich und unser altes Ich trafen. Wir stellten uns vor, was die alte Frau wohl dem jungen Mädchen raten würde und wie die alte Frau das zerbrechliche kleine Wesen sanft umarmen würde und ihm zuflüstern würde: „Ich kümmere mich um dich, vertraue auf dich selbst und alles wird gut!" Ich war zu meiner Verwunderung erstaunt, wie ich mich in der Gruppe und an diesem Tag darauf einlassen konnte. Vermutlich war es der richtige Zeitpunkt, und ich war offen genug, um mich gedanklich auf solch eine Reise zu begeben. Es fühlte sich richtig an und ich konnte dem sogar etwas abgewinnen. Im Laufe des Tages erarbeiten wir gemeinsam, was es eigentlich bedeutete, resilient zu sein. Wir lernten, wie wir negative Manifestationen in positive umwandeln können. Wie bekamen veranschaulicht, wie wichtig es war, in dem metaphorischen betrachteten Loch eines Schicksalsschlages nicht zu verweilen, sondern gestärkt daraus hervorzugehen. Der erste Schritt in diese Richtung war sicherlich durch dieses Wochenende getan. Ich hörte gespannt zu, wie es einem gelingen konnte, die negative Gedankenspirale zu durchbrechen. In Gruppenarbeiten erörterten wir, was uns wirklich glücklich macht, was wir an uns selbst lieben und wofür wir dankbar sind in unserem Leben. Außerdem fanden wir heraus, wofür wir dem Krebs dankbar waren. Ich für mich persönlich konnte nach diesem Jahr mit ruhigem Gewissen sagen, dass ich mein neues Leben bewusster und gesünder lebte. Es gab also durchaus Dinge, wofür ich dem Arschloch dankbar war und auch wenn es sich komisch anfühlte, dies zu sagen, denn es hätte ja nicht gleich so etwas Heftiges sein müssen, war ich eben genau DAFÜR dankbar. Ein weiterer Aktionspunkt war es, den aktuell und gleichzeitig immer wieder kehrenden negativen persönlichen Leitsatz in einen positiven Glaubenssatz umzuwandeln. Mit beiden Zetteln bewaffnet, schritten wir am Abend zum Feuer und verbrannten die schlechten und alten Leitsätze. Den neu- und positiv formulierten Satz behielten wir und verstauten ihn gut. An diesem Abend fiel ich erschöpft ins Bett, denn diese intensive Seelenarbeit hinterlässt Spuren, weil es anstrengend war, sich so intensiv mit seinen inneren Dämonen auseinanderzusetzen. Ich gebe zu, dieses Wochenende war ganz besonders und an manchen Stellen für meine emotional schüchterne Persönlich-keit zu nah und zu dicht. Jedoch fuhr ich beseelt von so viel Liebe und Zuneigung nach Hause. Mein persönliches Fazit: Wir kamen als Fremde und gingen als Freunde. Es war unglaublich schön zu sehen, wie sich manche verschlossenen Persönlich-keiten im Laufe der Zeit immer mehr öffneten und wie extro-vertierte Persönlichkeiten immer stiller wurden. Wieder einmal stellte ich fest, wie unterschiedlich wir Menschen doch waren- und wie unterschiedlich sie mit dieser Erkrankung umgingen. Aus tiefer Dankbarkeit vergoss ich auf der Heimfahrt ein paar Tränen und blickte auf eine wundervolle Erfahrung zurück, während ich mich auf meine Liebsten zu Hause freute.

6.0. REHA

Mittlerweile war es bitterkalt geworden im wunderschönen Hessen und die Presse sprach von dem kältesten Dezember seit Jahren. Allerdings neigt die Presse ja auch gerne dazu, maßlos zu übertreiben. An diesem Morgen sollte sie allerdings recht behalten. Während wir in den frühen Morgenstunden auf unseren Zug Richtung Hamburg warteten, bekamen wir dies am Bahnhof deutlich zu spüren, es herrschten -12 Grad und der kalte Wind pfiff durch den Bahnhof. Wir, das waren meine Mutter, meine schwangere Schwester, mein 5-jähriger Neffe und unser Familien Jack Russel Terrier Oskar. Dieser Teil der Familie wollte es sich nicht nehmen lassen, mich für ein paar Tage zu begleiten. Leider konnte unsere Tochter nicht mit kommen, da die Ferien erst später starteten und sie weiter die Schulbank drücken musste. Auch mein Mann war dadurch an zu Hause gebunden und auch wenn diese Tatsache meine Stimmung etwas trübte, war ich trotzdem freudig aufgeregt. Außerdem würden wir uns ja bald wieder sehen.

14 Tage zuvor hatte mich die Klinik spontan zur sogenannten Anschlussheilbehandlung auf Sylt einberufen. Nachdem ich den ersten Schock überwunden hatte, weil ich dadurch das traditionelle Gänseessen am 1ten Weihnachtsfeiertag bei meinen Eltern versäumen würde, freute ich mich sehr auf dieses besondere Weihnachten und Silvester am Meer. Unsere Reise sollte also an diesem kalten Wintermorgen beginnen, und wir stiegen mit unserem Gepäck und samt Hund in den Zug ein. Wir suchten uns ein lauschiges Plätzchen, auf dem wir es uns bequem machten. Der Hund fand es anfangs gar nicht gemütlich, windete sich hin und her, blickte verzweifelt zu uns, und es dauerte eine Weile, bis er endlich einen für sich angenehmen Platz in seiner Transporttasche fand und sich ablegte. Ich glaube, in diesem Moment hasste der Terrier seine Familie. Es dauerte nicht lange, bis es an unserer Tischgruppe aussah, als wäre eine Bombe eingeschlagen. Die Personen um uns herum bereuten sicherlich diesen Platz gewählt zu haben, denn mein Neffe wurde nicht müde, lautstark mit seinen mitgebrachten Fahrzeugen auf dem Tisch zu spielen. „Brumm Brumm, Tüt

Tüt , nön nön, brrrrrrr brrrr brrrrr",machte er die Autos nach und unterhielt damit das ganze Abteil.

So fuhren wir durch Niedersachsen, nach Hamburg und von dort nach Westerland. Die Langeweile vertrieben wir uns mit Ausflügen ins Bord Bistro oder beim Kniffel spielen. Die Landschaft glitt an uns vorbei, und das Land wurde platter und platter sowie grauer und grauer. Kurz vor Niebüll kam unser Zug zum Erliegen, und man teilte uns mit, dass ein anderer Zug auf den Gleisen vor uns liegen geblieben wäre. Niemand wusste, wie lange die Reparatur nun dauern würde. „Thank you for traveling with Deutsche Bahn", dachte ich nur, und leichte Anspannung machte sich bei meinen Mitreisenden breit. Ich hingegen war die Ruhe selbst an diesem Tag und blieb gelassen. Allerdings wurde es nach und nach immer kälter in der Holzklasse, und wir beschlossen, in ein wärmeres Abteil umzuziehen. Meine Mutter sah mich mit großen Augen an, denn so ein Umzug bedeutete eben auch das wieder 5 Koffer plus 3 Rücksäcke sowie ein Hund und ein aufgeweckter 5-jähriger in den nächsten Waggon gebracht werden wollten.

Ich versprach ihr, mich um das Gepäck zu kümmern, während sie mit meinem Neffen den neuen Platz einnahm und diesen mit ihrem Leben verteidigte. Für die anderen Passagiere war es lustig mit anzusehen, wie wir mit Sack und Pack wieder los zogen. Zum Leidwesen meiner Person blieb mein Neffe aber nicht bei Oma in dem neuen Abteil sitzen, sondern stand überraschender Weise zwischen zwei Waggons alleine vor mir, um mir freundlicherweise bei den Koffern mit anzupacken. Von der Grundidee nicht schlecht, aber leider hörte der Junge nicht auf meine Ermahnungen und bestand darauf, den größten Koffer zu bugsieren.

„Ich kann das schon, Godi Anna", ermahnte er mich in einer Tour und lief vor mir her. Während er sämtliche sitzenden Personen mit dem schwersten Koffer touchierte, lief ich in Entenschritten hinterher und entschuldigte mich mit freundlicher Miene und einem leisen: „Entschuldigen Sie bitte!". Wir bezogen schlussendlich ein Familienabteil, in dem wir alles unterbrachten und für uns alleine waren. Sicherlich die bessere Alternative für das letzte Drittel unserer Reise und den zeitlich ungewissen Zwischenaufenthalt in Nordfriesland. Außerdem freuten sich vor allem die anderen Gäste darüber das endlich Ruhe in das Großraumabteil einkehrte. Der ungeplante Zwischenhalt dauerte glücklicherweise nur eine Stunde, anschließend setzte der Regionalexpress, wobei hier der Name nicht Programm war, seine ruckelige Fahrt fort und brachte uns sicher nach Westerland. Die Insel begrüßte uns mit wesentlich milderen Temperaturen als daheim, dafür aber mit trüben Nieselregen Wetter. Schnurstracks liefen wir zur Mietwagenstation, um den angemieteten Fiat 500 abzuholen. Meine Schwester fuhr in der Wendeschleife des Bahnhofs vor, um uns einzusammeln. Schnell war klar, das wird so nichts. 3 erwachsene Personen, ein Kleinkind, ein Hund und 4 Koffer waren zu viel für den italienischen Flitzer. Meine Mutter passte schlichtweg nicht mehr rein in den Wagen, und wir ließen sie samt Hund vorübergehend am Bahnhof stehen. Anschließend fuhren wir als erstes zur Klinik, wo ich raus geschmissen wurde und mich auf dem Weg Richtung Rezeption begab. Anschließend fuhr meine Schwester wieder zurück, um den Rest der Bande abzuholen und in die angemietete Ferienwohnung zu bringen. Im Foyer der Klinik angekommen, begrüßte mich eine resolute Empfangsdame mit den Worten: „Moin, wie kann ich Ihnen helfen?" Nachdem ich ihr meinen Namen mitteilte, arbeitete sie stumm vor sich hin und beachtete mich erst mal nicht mehr. Ihre Art war speziell, aber nicht un-symphatisch. Sie überreichte mir sämtliche Utensilien, die ich benötigte, um die heutigen Termine zu erledigen und überreichte mir den Schlüssel zu meinem Zimmer. Gespannt lief ich die langen Gänge durch das Gebäude, um endlich mein Zimmer zu erreichen. Ich liebe die leichte Aufregung, wenn man noch nicht weiß, was für ein Zimmer einen erwartet. Es ist spannend und ein bisschen aufregend, denn man weiß schließlich vorher nicht, ob man sich dort wohlfühlen wird. Ich öffnete die Tür, ein schmaler Flur führte zu dem Hauptzimmer. Es gab einen Fernseher, eine Schreibtischecke, ein höhenverstellbares Bett und einen Ratansessel in dem Raum. Rottöne dominierten an den Vorhängen und der Wandverkleidung. Ein Bild an der Wand erstrahlte ebenfalls in der Farbe der Liebe.

In der Ecke stand eine Stehlampe und mein Ausblick ging Richtung Innenhof der Klinik. Ehrlich gesagt, bestach das Zimmer nicht durch Schönheit, aber ich fühlte mich auf Anhieb wohl, und das ist ja bekanntlich das Wichtigste. Sofort machte ich mich daran, meine Sachen auszupacken und mich häuslich einzurichten. Danach ging es auch gleich zur Anmeldung bei der Stationsleitung und zur Vorstellung bei der Oberärztin. Abends fiel ich völlig erschöpft in mein Bett und versuchte mich von den Strapazen der Anreise zu erholen. Die darauffolgenden Tage verbrachte ich damit, von einem Termin zum nächsten zu hetzen und mich erst mal an den straffen Tagesplan zu gewöhnen. Mit Erholung hatte dies nicht wirklich etwas zu tun, und da ich immer erst am Vorabend den Plan für den nächsten Tag bekam, war es auch immer wieder aufs Neue ein Überraschungspaket. Ehrlich gesagt, war ich anfangs etwas überfordert mit dem Zeitplan und hätte mir mehr Freizeit gewünscht. Man sagte mir aber, dass ich mich nach einer Woche schnell daran gewöhnen würde. Am darauffolgenden Morgen zog ich mich warm an und lief zwischen Frühstück und einer Lymphdrainagenbehandlung, endlich zum Meer. Ich nahm den Hinterausgang der Klinik und lief zielstrebig und ungeduldig zum Strandübergang, der unmittelbar neben der Klinik war. Vorsichtig ging ich den nassen, asphaltierten Dünenweg hoch, wechselte auf den Steg, bis oben auf dem Plateau angekommen, vor mir der weitläufige Strand, die steife Brise und die raue Nordsee lag. Genauso wie ich es in Erinnerung behalten hatte. Dieser Anblick rührte mich zu Tränen. Ich war in diesem Moment zutiefst dankbar und unglaublich froh, hier zu sein. Ich ließ die letzten Monate und das Geschehene kurz Revue passieren

Unglaublich, was ich bis hierhin alles geschafft hatte!

Ich genoss diesen einzigartigen Augenblick und die Kraft der Natur. Ich sog die frische Meeresluft tief in meine Lungenflügel ein, spazierte für eine Weile am Strand entlang, während sich das Salzwasser wie Morgentau auf meinen Wangen ausbreitete und die Möwen über mir kreischten. So vergingen die ersten Tage durch den straffen Zeitplan wie im Flug und nach einer Woche spürte ich Muskeln an meinem Körper, von deren

Existenz ich nichts mehr wusste. Ich lief alleine durch die

Wege innerhalb der Klinik circa 15.000 Schritte am Tag und

fühlte mich wie Sporty Spice von den Spice Girls. Wenn ich

Glück hatte, begann der Morgen mit einer Hydrojetbehand-

lung oder einem Sandbad. Beide Varianten waren sehr ent-

spannend und zählten zu meinen Lieblingsprogrammpunkten.

Für so einen Sportmuffel wie mich auch kein Wunder. Bei der

Hydrojet Behandlung lag ich auf einem beheizten Wasserbett,

welches mich mit sanften Wasserstrahlen massierte. Ich glau-

be, ich muss nicht beschreiben, wie wohltuend dies war. Beim

Sandbad lag ich für 20 Minuten entspannt auf einem warmen

Sandbett und musste mich konzentrieren, nicht dabei einzu-

schlafen. An einem Morgen verhinderte dies aber die Patien-

tin, die nebenan in der Kabine lag. Auf ihrem Handy trällerte

Mariah Carey - All I want for Christmas is You - und auch sie

ließ es sich nicht nehmen, lautstark mitzusingen. Ich musste

lachen und fand es extrem lustig, wie mutig sie war. Denn um

ehrlich zu sein, überzeugte ihre Stimme nicht mit Klangstabilität, aber sie schaffte es allemal, Weihnachtsstimmung und gute Laune zu verbreiten.

Meine Familie verließ die Insel nach 4 Tagen wieder, und nun galt es, die Abende alleine bzw. anderweitig zu verbringen. Durch meine berufliche Tätigkeit war ich es durchaus gewöhnt, mich alleine und an fremden Orten zu beschäftigen. Nach der Abreise meiner Familie lief ich durch die Straßen von Westerland und besuchte als erstes ein bekanntes und beliebtes Cafe, benannt nach der Hauptstadt von Österreich. Dort wählte ich ein Stück Frankfurter Kranz aus, und während ich diesen genüsslich verspeiste und meinen Cappuccino dazu trank, beobachte ich die anderen Gäste. Der Laden war bis auf den letzten Platz besetzt und es war ein ständiges Kommen und Gehen. Die Torten und Kuchen dufteten in der Auslage und ich kam mir vor wie in einem süßen Schlaraffenland. Den meisten Besuchern fiel es schwer, sich bei dieser Auswahl zu entscheiden. Ich für meinen Teil beließ es am heutigen Tag bei diesem Stück wohlweislich, das dies nicht mein letzter Besuch dort war. Draußen vor der Tür floss der Alkohol in rauen Mengen, dicht gedrängt standen die Urlauber unter Heizpilzen, grölten zu Mallorca Party Schlagern mit und unterhielten sich angeregt miteinander. Das Szenario erinnerte mich an Apres Ski Partys in den Bergen. Ich blieb noch eine Weile, um mir das Schauspiel noch weiter anzusehen und zu beobachten, wie die Gesellschaft immer ausgelassener feierte. Bevor ich das Café wieder verlies, musste ich durch diese feiernde Meute durch und ehrlich gesagt, ich hätte nichts dagegen gehabt, dort ausgelassen mitzufeiern. Ich war aber vernünftig und besuchte anschließend lieber den für unsere Verhältnisse recht kleinen Weihnachtsmarkt von Westerland und besorgte mir fürs Abendessen ein Krabbenbrötchen. Ehrlich gesagt genoss ich es sehr, mal nur zu tun, worauf ICH Lust hatte. Ich denke, die meisten wissen, wovon ich spreche. In unserem Alltag sind wir sehr oft fremdbestimmt, fühlen uns unserer Familie gegenüber unserem Arbeitgeber oder unseren Freunden verpflichtet. Dadurch bleibt kaum Zeit, einfach mal zu tun, worauf man selbst Lust hat. Ein Grund mehr für mich, die Bekanntschaften aus der Klinik auf Distanz zu halten. Natürlich lernte ich einige Menschen dort kennen, das war auch gut so, aber ich wollte bewusst niemanden zu nah an mich ran kommen lassen. Denn ich brauchte Zeit, Zeit über das Geschehene nachzudenken, zu reflektieren und zu bewerten, wie es mir wirklich ging. Nichts desto trotz, war da aber auch wieder das unsichtbare Band, was uns Frauen mit Brustkrebserkrankung, verband. Ich traf in der Klinik einige Frauen, die bereits ihre zweite oder dritte Reha nach Erkrankung machten, und erkundigte mich bei ihnen, wie es ihnen mit der Antihormontherapie erging. Seit 3 Monaten bekam ich nun zusätzlich zum Zoladex noch Tamoxifen. Leider hatte ich regelmäßig das Gefühl, diese Kombination aus Medikamenten würde mich an den Rand des Wahnsinns treiben. Es gab einige unschöne Momente, da diese beiden Mittel Einfluss auf die Psyche nehmen. Manchmal änderte sich meine Stimmung schlagartig ohne ersichtlichen Grund, und dies war zum Teil ziemlich belastend. Ich kannte so etwas nur aus dem Wochenbett, welches allerdings auch schon lange zurücklag. Manchmal steckte der Teufel in mir aus dem Nichts heraus, veränderte sich mein

Wesen und es kostete mich viel Kraft, nicht patzig gegenüber anderen zu werden. Immer wieder stellte ich mir die Frage, waren diese Wesensveränderungen der Erschöpfung geschuldet oder dem Medikamentenmix. Vermutlich würde ich nie eine verlässliche Antwort darauf bekommen, und glücklicherweise waren diese Phasen auch sporadisch. Trotzdem tat es gut zu hören, dass es anderen Frauen ähnlich erging und ich nicht allein damit war. Sich über solche Dinge dosiert auszutauschen war richtig und wichtig für mich, ich wollte es eben nur nicht an diesem speziellen Ort und in meinem Leben zum Hauptthema werden lassen. Deswegen war es mir so wichtig, zu den anderen eine gewisse Distanz zu wahren.

Besondere Zusammenkünfte spielten sich im Speisesaal der Klinik ab, dieser bestach durch Schlichtheit, hellen Farben, Tischgruppen für bis zu 6 Personen sowie in der Mitte des Saals eine runde Buffettinsel. Aufgrund des bevorstehenden Weihnachtsfestes war der Raum stellenweise mit roten Dekoschleifen verschönert worden und einige Holzengel schmückten die Fensterbänke. Auf einem der Fenstersimse stand ein besonderes Gestell. Eines, was ich so bisher noch nicht gesehen hatte, und glaubt mir, wenn ich mich mit etwas auskenne, dann ist es Weihnachtsdekoration. Nachdem ich mehrere Tage dieses Konstrukt bewundert habe, recherchierte ich, um was es sich genau handelte, und fand heraus, dass dies ein sogenannter Sylter Jöölboom war. Früher auf Sylt ein friesischer Ersatz für den Weihnachtsbaum. Daran befestigt waren an den Querstreben des Holzgestelles 4 Kerzen für die 4 Adventssonntage und weihnachtliche Holzschnitzereien. Ich mochte diesen Holzbaum und bewunderte diesen bei jeder Mahlzeit, die ich dort einnahm. Von allen Dekorationsartikeln in der Klinik versprühte dieser bei mir persönlich die meiste Weihnachtsstimmung.

Aber zurück zum Wesentlichen, denn über die Begegnungen im Speisesaal hätte man ein eigenes Buch schreiben können. Durch meine selbst gewählte Distanz war ich meistens stille Beobachterin und stellte fest, das menschliche Verhalten kann zuweilen sehr skurril sein. In Hotels spielen sich vergleichbare Situationen beim Buffet ab, aber hier war die Situation beson-

ders, da man einen Tisch zugeteilt bekam. So ergab es sich,
dass völlig unterschiedliche Personen nebeneinandersaßen.
Hier galt die 3 Sekunden Regel, innerhalb dieser kurzen Zeit
entschied sich, ob sie sich gegenseitig mochten oder umgangssprachlich ausgedrückt, sich aufs Fell schauen konnten
oder nicht. Es gab Konstellationen, da konnte man die gegen-
seitige Abneigung förmlich spüren, eine unausgesprochene
Ablehnung gegenüber des Tischpartners, ausgedrückt durch
zum Beispiel genervte Blicke. Ich saß mit 3 unterschiedlicher
nicht sein könnenden Menschen an einem Tisch. Eine Dame
davon kam aus dem tiefsten Bayern und ich verstand aufgrund ihres Dialekts nur manchmal, was sie mir sagte. Die
andere Frau kam ebenfalls aus Bayern, aber speziell aus Un-
terfranken, und nicht nur der Dialekt machte hier einen riesen
Unterschied zwischen den beiden. Der einzige Mann an unserem Tisch kam aus Südhessen und war eher schweigsam. Die
anhaltenden Coronamaßnahmen führten dazu, dass die zwei
Damen ein wenig auf Abstand zu uns saßen. Wohin gegen der
Mann aus Südhessen und ich uns direkt gegenübersaßen. Wir

beschnupperten uns anfänglich, kamen aber gut miteinander aus. Obligatorisch fragten wir uns bei jeder Mahlzeit, die wir gemeinsam einnahmen, nach unserem Wohlbefinden, wie der Tag so lief und was für den Folgetag anstand. Anschließend herrschte wieder Stille zwischen uns und ehrlich gesagt, lief das genau nach meinem Geschmack. Die beiden anderen hingegen hatten sich viel zu erzählen und meistens kreisten die Gespräche nur um ihre Erkrankungen. Während Sibille mal wieder von ihrem hohen Blutdruck berichtete, verdrehte Conny genervt die Augen. Die beiden waren so unterschiedlich wie Tag und Nacht, Conny brauchte nichts zu sagen, man spürte ihre Abneigung förmlich. Auch Sibille entging dies nicht und in den meisten Fällen versuchte sie es zu ignorieren. Aber man spürte, dass sie sich unwohl fühlte in Gegenwart von Conny, und so war es für Sie ein Segen, als nach einer Woche die Corona Regeln gelockert wurden. Ab diesem Zeitpunkt durften alle wieder die Tischgruppen wechseln und man konnte sich selbst aussuchen, wo man sitzen wollte. Ich glaube, es war das letzte Mal, dass die beiden zusammen gesehen wurden. Ab diesem Zeitpunkt gesellten sich auch die „Quassel-strippen" zusammen an einem Tisch, diese Personen liebten die Gemeinschaft, waren nicht gern alleine und erkundeten wenn möglich gemeinsam die Umgebung. Des Weiteren gab es einen Tisch der „Drückeberger", diese Spezies bestach durch eine besondere Form der Cleverness, denn diese Perso-nen fanden für die meisten sportlichen Aktivitäten auf ihrem Therapieplan eine passende Ausrede. Zum Teil waren sie er-fahrene Reha Profis, ihr Hauptthema bestand darin, sich ge-genseitig Tipps zu geben, wie man welche Einheit passend umgehen konnte. So beobachte ich diese unterschiedlichsten Konstellationen aus der Ferne und genoss still schweigend meine Mahlzeiten, bevor ich mich wieder wie ein Einsiedler-krebs zurückzog. Fraglich, was sie wohl von mir dachten?! ;-)

Über die Weihnachtsfeiertage kamen mein Mann und meine Tochter zu Besuch. Ein Tag vor Weihnachten und nach mei-nem letzten Termin des Tages, dem Zirkeltraining in dem hauseigenem Fitnessstudio, würde ich zum Bahnhof fahren, um meine Liebsten dort in die Arme zu schließen. Ungeduldig vollzog ich die Übungen auf den Geräten und war mit meinen Gedanken bereits in Westerland. Im Takt und ohne Unterbrechung sprangen wir von einem Kardiogerät zum nächsten und vollzogen vorbildlich unsere Übungen. Als die beiden Durchgänge endlich rum waren, eilte ich zu meinem Zimmer, um mich umzuziehen und meine Klamotten für das bevorstehende Wochenende zusammen zu packen. Für das große Wiedersehen fuhr ich mit dem Bus an den Bahnhof und rannte meinen beiden Liebsten am Bahngleis entgegen. So schön es bis hierhin auch war, aber Familie und die Liebe sind doch das Wichtigste im Leben. Ich war einfach nur glücklich, die beiden wieder bei mir zu haben. An diesem Tag schien die Sonne aus vollen Zügen, und ich wollte den beiden natürlich sofort das Meer und den wunderschönen Strand zeigen.

Gesagt getan, fuhren wir umgehend zum Wasser, und nach einem kurzen Beine vertreten am Strand bei herrlichstem Sonnenschein, suchten wir die wohl berühmteste Fischbude der Insel auf, um dort Mittag zu essen. Danach richteten wir uns in der Ferienwohnung gemütlich ein und genossen unseren ersten gemeinsamen Abend zu dritt.

24.12.2022

Traditionell gehen wir an Weihnachten in die Kirche, und daran sollte sich auch an diesem besonderen Heiligen Abend auf der Insel nichts ändern. Wir fuhren am frühen Abend in die Kirche nach Wenningstedt, um dort den Gottesdienst zu besuchen. Diese Idee hatten wir jedoch nicht alleine, sondern viele Einheimische und Touristen ebenfalls. Die Friesenkappelle drohte deswegen aus allen Nähten zu platzen, wir drei konnten jedoch noch einen engen Platz auf der Kirchenbank erwischen und ließen uns dort nieder. Wir lauschten der Predigt des Pfarrers, sangen Weihnachtslieder und ich bewunderte zwischendrin die Deckenmalereien dieser wundervollen Kirche, die durch helle Blautöne bestach. Die Holzdecke war mit Engeln, Ornamenten und der Kreuzigung Jesu bemalt. Der Pfarrer erfreute sich an so vielen Menschen in seinem Gotteshaus und hatte eine besondere Gabe, die Leute in seinen Bann zu

ziehen. Wie es sich auf Sylt gehört, waren auch einige Vier-
beiner anwesend und saßen zusammen gequetscht zwischen
den Beinen ihrer Frauchen oder Herrchen. So saßen an diesem Abend Mensch und Tier, reich und arm, nett und un-
freundlich, alt und jung zusammen und lauschten still der Predigt, bevor sie alle wieder ihren Weg nach Hause antraten. Vor
der Kirche spielte ein Orchester: „Oh du fröhliche" und die
Glocken dieses Gemäuers läuteten lautstark. Dazu herrschte
ein diesiger Küstennebel über den angrenzenden Wiesen und
dies hätte den Anblick nicht mystischer machen können. Ich
war beseelt von diesem Besuch und auch wenn ich genau in
diesem Moment den Rest unserer Familie sehr vermisste, freute ich mich auf den Abend nur mit meinen zwei Liebsten. Im
Anschluss fuhren wir in die Wohnung, zogen uns bequeme
Klamotten an und aßen die am Vormittag gekauften „Schme-
ckerwöhlerchen" von Feinkost Meyer. Die Couch in der Wohnung, die auch gleichzeitig das Bett unserer Tochter war, wurde so präpariert, dass wir alle darauf passten. Nebenbei ließen
wir uns von Sissi im Fernseher berieseln, bevor wir alle recht

zeitig schlafen gingen, um am nächsten Tag gemeinsam die Insel zu erkunden.

In den darauffolgenden zwei Tagen fuhren wir mit unserem Mietwagen die Insel ab, futterten uns, wie es sich an den Feiertagen gehörte, ein paar Kilos auf die Rippen und genossen die schönen Seiten der Insel und die gemeinsame Zeit. Am zweiten Weihnachtsfeiertag hieß es dann leider wieder Abschied nehmen, mein Mann musste seinen beruflichen Verpflichtungen wieder nachkommen und meine Tochter durfte nicht mit mir in der Klinik bleiben. Daher musste ich die beiden wohl oder übel wieder ziehen lassen und brachte sie an diesem verregneten Morgen zum Bahnhof, verfrachtete sie dort in bereits wartenden Zug und verabschiedete mich kurz und schmerzlos von Ihnen. Um den restlichen Tag noch zu nutzen, fuhr ich mit dem gemieteten Auto an die Stellen, die mit öffentlichen Verkehrsmitteln eher umständlich zu erreichen waren. Auf dem Weg zum Morsumer Kliff durchquerte der Zug mit meinen beiden Liebsten an Board meinen Weg und so konnte ich Ihnen, während ich wartend vor der Bahnschranke stand, hinter her winken, bevor sie die Insel endgültig verließen.

Nach den Feiertagen startete das Bootcamp wieder und ich musste leider feststellen, dass sich nach zwei Wochen sportlicher Betätigung der Muskelkater mittlerweile durch meinen ganzen Körper zog. Mit so viel Sportprogramm hätte ich ehrlich gesagt nicht gerechnet und war es auch nicht gewohnt. Ich hopste vom Strandsport zum Aqua Fitness und vom Fitnessstudio zum Yoga. Ein typischer Tag ging von 08.00 - 16.00 Uhr und so blieb nur wenig Zeit, um bei Tageslicht die Insel zu erkunden, ich versuchte deswegen öfter das Mittagessen ausfallen zu lassen, um in dieser Zeit meinen Strandspaziergang zu absolvieren. Ich konnte mich immer noch nicht sattsehen an dem besonderen Farbenspiel auf dieser Insel und am Strand. Egal zu welcher Wetterlage, der Strand und das Meer faszinierten mich täglich aufs Neue und ich sog diese Momente in mich auf. Mit Wehmut dachte ich daran, bald wieder nach Hause zu kehren und das Geräusch der Wellen und das Rauschen der Brandung zu vermissen, sogleich ich mich auf meinen Wald freute. Lange habe ich damit gerungen, was mich wirklich glücklich macht, heute kann ich ganz sicher sagen, abgesehen von meiner Familie und meinen Freunden ist es die Natur und ihre Schönheit.

Nachdem ich bereits in einem abendlichen Kurs einen Bernstein für meine Mutter geschliffen habe, stand an diesem Abend eine besondere Wanderung mit Fackeln am Strand an. Ich freute mich darauf und stand pünktlich am Treffpunkt im Foyer der Klinik, wo mir eine Fackel von der Klinikleitung übergeben wurde. Es war eine große Gruppe, die sich mit brennenden Fackeln am Strand in Bewegung setze, es ähnelte dem Laternenumzug im Kindergarten und wurde von Herrn Mansen, einem waschechten Insulaner mit weißem Haar, grauem Bart und einer Wollmütze auf dem Kopf angeführt. Wir liefen am Strand Richtung Wenningstedt und ich hatte mein dickes Tun damit, die Fackel durch den entgegenkommenden Wind am Brennen zu halten. Immer wieder erlosch mein Licht und zwischenzeitlich war ich ziemlich genervt von dem ständigen wieder Anzünden. Am Wenningstedter Strandaufgang angekommen, berichtete Herr Mansen davon, wie auch er im Leben einige Schicksalsschläge zu verkraften hatte. Er erzählte uns, was ihm dabei geholfen hatte, es hinter sich zu lassen. Unter anderem sagte er jeden Morgen zu sich selbst folgendes Mantra: Ich liebe, Ich glaube, Ich vertraue, Ich bin dankbar, ich bin glücklich und mutig.

Damit versuchte er alte und aus der Kindheit konditionierte negative Glaubenssätze in positive umzuwandeln. Ich gehörte eher zu den wenigen Ausnahmen, die ihm nicht mit Skepsis gegenüber standen, denn ein paar Teilnehmer fanden dies zu spirituell geradezu lächerlich und verließen deswegen kopfschüttelnd und genervt die Gruppe. Aber seien wir doch mal ehrlich, er hatte ja nicht unrecht damit, was er sagte, im Leben muss man sich an einem Punkt immer wieder entscheiden, möchte man gesund werden, positiv dem Leben und der Zukunft gegenüber treten oder verweilt man weiter in dem tiefen Tal eines Schicksalsschlags?! Versteht mich nicht falsch- davon ausgenommen sind Menschen mit psychischer Erkrankung, die es nicht aus eigener Kraft schaffen, sich daraus zu kämpfen. Diese Personen meine ich nicht und die sollen sich hierdurch auch nicht angesprochen fühlen. Ich meine auch nicht Menschen, die täglich unter starken Schmerzen leiden, eine unheilbare Krankheit haben oder in welcher Art und Weise auch immer gesundheitlich eingeschränkt sind. Ich meine den Teil unserer Gesellschaft, die völlig unbegründet, ständig unglücklich, überfordert, gestresst und genervt sind. Diese Personen versprühen negative Energien und für sensible Menschen, wie ich es bin, ist das zu weilen schwer zu ertragen.

Ich möchte es auch einfach nicht mehr hinnehmen, ich stelle immer wieder fest, wie ich mich von solchen Menschen entferne. Ich bin zusehends genervt, wenn mir fremde oder weitläufig bekannte Personen ihr vermeintliches „Leid" klagen. Freunde sind davon ausgenommen, da höre ich mir gerne alles an und wenn es mich nervt, würde ich es ihnen sagen, soweit war ich mittlerweile.

Im Speisesaal der „Hauptbühne" der Klinik konnte man dies des Öfteren beobachten. Die schlecht gelaunten, genervten Patienten versuchten am Tisch Verbündete zu finden und meckerten über sämtliche Gegebenheiten, angefangen vom Essen bis hin zum Personal. Es waren aber nicht nur die Miesepetrigen, die das taten, sondern auch die Überheblichen. „Äh entschuldigen Sie, aber dies hatte ich nicht bestellt„ oder „Wer plant denn bei Ihnen die Termine, das ist ja eine Zumutung!" Dabei machte der Ton die Musik und oftmals war dies eben völlig unverhältnismäßig und übertrieben. Na ja, ließen wir diese Personen in dem Glauben, sie wären etwas besseres, denn Anstand lässt sich bekanntlich nicht kaufen. In solchen Momenten dachte ich mir meinen Teil und kam nicht drumherum, mich für diese Menschen zu schämen. Manchmal schüttelte ich aber auch einfach nur fassungslos den Kopf.

Am Silvesterabend gab es ein festliches 3 Gänge Menü sowie wenn man wollte, so viel Wein wie man trinken konnte. Dies führte unweigerlich dazu, dass sich die Stimmung im Speisesaal schnell lockerte. Die Leute lachten laut, unterhielten sich angeregt und an einer Stelle führte es sogar zu Annäherungen mit dem anderen Geschlecht. Ein alleinstehender Mann aus dem Saarland gab sich seit zwei Wochen große Mühe, die Aufmerksamkeit einer jungen, hübschen Osteuropäerin auf sich zu ziehen. Er schlängelte so oft es ging um sie herum, trug ihr ihre Tasche, lud sie auf einen Kaffe ein und zeigte sich von seiner besten Seite. An diesem Abend hatten sich beide noch mehr in Schale geschmissen als gewöhnlich und flirteten, was das Zeug hielt. Ich glaube nur die beiden wissen, wie dieser Abend endete. Ich gebe zu, ich mochte es mir nicht vorstellen, würde mich allerdings freuen, wenn sie bis zu ihrem Lebensende glücklich miteinander werden würden. Meine liebe Tante Geli gab mir einen entscheiden Rat vor Reha Antritt mit auf dem Weg: „Kind denk daran, ein Kurschatten lohnt sich nicht, die ganzen Männer dort sind krank„.

Welch Segen, dass ich glücklich verheiratet bin, dachte ich mir in diesem Moment und konnte mir ein Grinsen im Gesicht nicht verkneifen.

Wie bereits erwähnt, lernte ich im Klinikalltag weitere Frauen kennen, die ebenfalls an Brustkrebs erkrankt waren und ganz unterschiedlich mit der Diagnose umgingen. Es gab Frauen, denen es augenscheinlich nicht gut ging damit und einmal mehr wurde mir bewusst, wie glücklich ich mich doch schätzen konnte, so gut aus der Geschichte raus gekommen zu sein. Ich stellte fest, dass es nicht selbstverständlich war, mit so einer positiven Einstellung an die Therapie gegangen zu sein und so lebensbejahend in Richtung Zukunft zu blicken. Ich hatte das große Glück, psychisch gesund zu sein, und dies lag ganz klar auch an meiner hervorragenden Psychotherapeutin, die mich seit einem Jahr dazu ermutigte, mich mit den unangenehmen Themen meiner Vergangenheit zu beschäftigen. Das war nicht immer leicht, manchmal verlies ich ihre Praxis völlig erschöpft und war im Anschluss nicht mehr fähig, irgendwas zu unternehmen. Aber es war auch dringend notwendig, endlich Dinge aufzuarbeiten und loszulassen. Mit ihrer Hilfe und meiner positiven Einstellung hatte ich es geschafft, die Akutbehandlung gut durchzustehen. Dabei schlechte Gewohnheiten abzulegen und endlich zu honorieren, was ich alles geleistet hatte in meinem bisherigen Leben. Dieser Weg führte endlich zu mehr Selbstliebe und Akzeptanz meiner Persönlichkeit. Selbstverständlich war und bin ich bei weitem nicht perfekt, habe nach wie vor Übergewicht und bin nur bedingt sportlich, aber ich war das erste Mal unglaublich stolz auf mich. Das erste Mal in meinem Leben verbat ich mir nicht aus falscher Bescheidenheit darauf stolz zu sein, sondern ich sprach es zum Teil sogar aus.

Am **31.12.22** gab es eine Andacht im Vortragsraum der Klinik und da ich sowieso nichts zu tun hatte, beschloss ich dort hin zugehen. Schließlich hatten sich bereits zwei weitere Kirchen auf dieser Insel als Kraftorte entpuppt und es war schließlich mein Ziel, so viel Kraft wie möglich aus dieser Zeit zu ziehen, bevor der Alltag mich wieder einholen würde.

Ich betrat den bereits gut gefüllten Seminarraum der Klinik und nahm in der ersten Reihe Platz. Der Pfarrer war mir sofort sympathisch, er sah für einen Geistlichen eher ungewöhnlich aus, dicke schwarze Hornbrille auf der Nase und einige Festivalbänder an seinen Handgelenken. Wenn ich richtig informiert bin, hat er sogar einen regelmäßigen Podcast, den er raus bringt. Er war also durchaus „Up to date" und machte einen netten Eindruck. Er begann den Gottesdienst mit einem Lied und danach las er nicht irgendeine Predigt hinter einem Pult ab, sondern quatschte frei Schnauze drauf los. Es schien, als würde er improvisieren mit ziemlich langen Denkpausen zwischendurch. Er redete so vor sich hin, bis er eine interessante Metapher zum Besten gab. Er zitierte Johannes Tauler, ein Prediger und Mystiker der im 14. Jahrhundert in Straßburg die Geschichte eines Pferdes wie folgt beschrieb:

Das Pferd macht den Mist in dem Stall,

und obgleich der Mist Unsauberkeit

und üblen Geruch an sich hat,

so zieht doch dasselbe Pferd denselben Mist

mit großer Mühe auf das Feld;

und daraus wächst der edle schöne Weizen

und der edle süße Wein, der niemals so wüchse,

wäre der Mist nicht da.

Nun, dein Mist, das sind deine eigenen Mängel,

die du nicht beseitigen,

nicht überwinden

noch ablegen kannst,

die trage mit Mühe und Fleiß

auf den Acker des liebreichen Willens Gottes

in rechter Gelassenheit deiner selbst.

(Johannes Tauler)

Dazu verglich er: Jeder Mensch produziert Mist in seinem Leben oder bekam diesen ungefragt vor die Tür gelegt, die Einstellung dazu war jedoch das Ausschlaggebende. Denn wenn man nicht anfängt, seinen persönlichen Mist zu akzeptieren, fängt derselbe an zu stinken und der Misthaufen wird immer größer, bis einem sein eigenes Leben nur noch stinkt. Ich mochte diesen Vergleich und es passte zu meinem Resümee, welches ich nach den 3 Wochen zog: Meine psychische Verfassung während der Therapie war nicht vergleichbar mit anderen Betroffenen und dafür war ich unfassbar dankbar. Ich hatte wahnsinniges Glück, wie mein Körper in dieser Zeit mitarbeitete, nur dadurch schaffte ich es, positiv in die Zukunft zu blicken. Obgleich dies nicht bedeutete, dass ich zwischendurch von Ängsten und Zweifeln geplagt gewesen wäre. Immer wieder ereilten mich solche Momente und immer wieder war es anstrengend, sich daraus zu kämpfen. Ab sofort wollte ich aber die meiste Zeit glücklich sein, egal wie groß der Misthaufen gerade war. Ich konnte darauf vertrauen, dass welche weitere Herausforderung auch kommen mag, ich es meistern werde und das ich das Beste daraus machen würde. So fuhr ich am **01.01.2023** glückselig, dankbar und voller Demut über den Hindenburgdamm. Mit diesem Vertrauen in mir selbst und dieser Erkenntnis konnte ich endlich loslassen und konnte die negativen Erfahrungen, die Anstrengung der vergangenen Monate und den Mist hinter mir lassen.

7.0. MEIN NEUES LEBEN NACH DEM KREBS

15.10.2023

Ein ganz besonderer Sonntag, ein Tag, der gefeiert werden musste. Zwei Jahre nach Diagnose und ohne Rezidiv! Ein wichtiger Meilenstein in einer Brustkrebstherapie.

Manchmal übermannte mich das Gefühl, ja nicht 100 % zu wissen, ob ich tatsächlich rezidiv frei war, das letzte MRT lag schließlich schon 6 Monate zurück und ich wusste ja sehr wohl, wie schnell so ein Ding wachsen konnte. Aber heute lies ich diese Gedanken nicht an mich ran, sondern feierte diesen besonderen Tag mit meinen Liebsten und einer kleinen Wanderung durch die heimischen Wälder. Nachdem es den ganzen Morgen geregnet hatte, schien pünktlich zum Start der Wanderung die Sonne und diese lies die bunt gefärbten Blätter in den schönsten Farben erstrahlen. Ein Tag ganz nach meinem Geschmack, liebe Menschen um mich herum, Kinder, die genervt mit wandern mussten, es aber eigentlich doch gut fanden und schöne Gespräche. Dazu noch eine unfassbar schöne Natur, die einem Kraft gibt, wenn man es nur zuließ. Es war ein rundum gelungener Ausflug und ich zelebrierte meinen „2ten" Geburtstag an diesem besonderen Tag.

November 2023

Wenn ich anfing, darüber nachzudenken, was bis hierhin wieder alles passiert war, musste ich schmunzeln. Das Leben muss man tanzen, habe ich mal gelesen und das traf es eigentlich sehr gut. Auf die Ruhe in der Reha folgten aufregende Wochen und Monate, wo es wieder darum ging, dass Erlernte in der Reha im Alltag anzuwenden. Ich denke, jede berufstätige Mutter und oder Ehefrau weiß, was ich meine. Das Leben holte mich nach Sylt schnell wieder ein, familiäre Verpflichtungen, weitere Untersuchungen und der ganz normale Wahnsinn eben. Nach mehreren Arztterminen Anfang 2023 stand ich vor der Entscheidung, lasse ich mir die Eierstöcke entfernen oder nicht. Da die kleine Metastase im Lymphknoten erst nach der Chemo aufgetreten war, wurde mir bei einem Beratungstermin seitens der Klinik empfohlen, die Eierstöcke entfernen zu lassen. Ich selbst hatte bereits darüber nachgedacht, da mich die Medikamentenkombination Zoladex und Tamoxifen nach wie vor sehr herausforderte. Ich fand die Idee dahinter nachvollziehbar und beschloss deswegen, diesen hoffentlich ein für alle Mal letzten Schritt durchführen zu lassen. Auch wenn dies im Umkehrschluss bedeutete: wieder eine Operation, wieder eine Narkose wieder ausgebremst werden und das gerade, wo ich wieder langsam fitter wurde. Wieder eine Schleife drehen, den Arbeitsbeginn nach hinten verschieben und wieder daran glauben, dass alles gut wird. Aber ich wollte mir auch nicht vorwerfen, nicht alles getan zu haben für meine langfristige Genesung. Also lies ich es über mich ergehen, und erfreulicherweise verlief alles wie geplant und ich durfte nach ein paar Tagen die Klinik wieder verlassen. Wieder eine Erfahrung reicher und wieder eine Gefahrenquelle eliminiert. 4 Wochen nach diesem Eingriff war ich bereit und freute mich darauf, darauf endlich auch beruflich wieder durchzustarten.

Mittlerweile arbeitete ich seit circa einem halben Jahr wieder und ich muss feststellen, es war schön zurückzukehren. Es tat unwahrscheinlich gut, wieder zurück im normalen Alltag zu sein, die alten Kolleginnen und Kollegen wieder zu treffen und das Krankheitskapitel hinter sich zu lassen. Nach Absprache mit meinem Arbeitgeber habe ich den Arbeitsbereich gewechselt, da dieser weniger Dienstreisen umfasste und nicht abhängig ist von dem stressigen Tagesgeschäft. Wenn alles gut lief, konnte ich so in Ruhe meine Arbeit erledigen und die neuen Aufgaben machen mir meistens Freude. Die Tatsache, dass ich mit meiner besten Freundin zusammen arbeiten darf, macht dies natürlich zusätzlich zu etwas ganz Besonderem. Und ja, im Grunde hört sich das erst mal alles einfach und problemlos an, meistens ist es das auch, aber eben nicht immer. Ich habe mich verändert und ich spüre immer noch die Auswirkungen der Therapie. Konkret bedeutet dies, dass ich mir meinen Tag oder meine Woche strukturiert planen muss, inklusive zeitlichen Ablaufplan. Ich arbeite dann „step by step" alles ab und streiche durch, was erledigt ist. Würde ich dies nicht tun, würde ich einige der zu erledigenden Dinge schlichtweg vergessen. Diese Vorgehensweise muss ich an der Arbeit sowie in meinem privaten Umfeld anwenden. Mein Hirn ist oftmals einfach matsch wie ein durchlässiges Sieb und meine Psyche oft überfordert. Gerade wenn ich Druck von außen bekomme, fühle ich diese Überforderung sehr stark und könnte auf der Stelle wegrennen. Das alles sind Dinge, die man mir von außen nicht ansieht, über die ich nicht oft spreche, weil es mir peinlich ist. Es ist wahnsinnig schwierig, sich selbst einzugestehen, dass man bei weitem nicht mehr so belastbar ist, wie man es mal war. Und auch wenn ich weiß, dass ich mich dafür nicht schämen muss, tue ich es tief in meinem Inneren. Auf der anderen Seite wundert mich das nicht, denn wir leben in einer Leistungsgesellschaft und nur wer Leistung erbringt, wird anerkannt. Auch wenn ich mittlerweile weiß, dass ich mich nicht darüber definieren sollte, verfalle auch ich immer wieder zurück in diese Muster und fühle mich schlecht, wenn ich nicht alles, was ich mir vorgenommen habe, geschafft habe. Die Überforderung in vielen Lebensla-

gen ist das eine, das andere sind die regelmäßig wiederkeh-

renden Angstphasen. Es bleibt nicht aus, dass man in seinem

Umfeld von Todesnachrichten durch Krebs erfährt, dass ir-

gendein Zeitungsartikel, ein Instagrampost oder eine Ge-

schichte einen zurück in die Todesangst versetzt. Wenn dies

geschieht, entsteht immer eine Schleife, aus der man sich

wieder mühsam raus kämpfen muss. Das Gedankenkarusell

lässt einen in dieser Phase nicht mehr schlafen, strapaziert

das angespannte Nervenkostüm zusätzlich und in dieser be-

sonderen Phase sehnt man sich danach in den Arm genom-

men zu werden und von jemanden verlässlich zu hören: Alles

wird gut!

Die Nebenwirkungen des neuen Medikaments Letrozols ließen

sich mit regelmäßigen Sportübungen einigermaßen in Schach

halten, aber häufig und leider meistens nachts taten meine

Gelenke weh, besonders betrifft dies meine Fußgelenke. Nicht

selten stand ich nachts zweimal auf, um mir meine Gelenke

mit einer Schmerzlotion einzuschmieren oder Schmerzmittel

einzunehmen. Meine mentale Verfassung unter diesem Medikament und dem Fakt, dass ich mit 39 Jahren in die Wechseljahre katapultiert wurde, war ein ständiges Auf und Ab, aber immerhin besser als unter Zoladex und Tamoxifen. Meine Hormonproduktion ist durch die Entfernung der Eierstöcke ausgesetzt und eine Dopaminausschüttung nur noch durch Sport möglich. Genau ihr könnt es euch schon denken, super Voraussetzungen für eine Sportskanone wie mich. Und dann versuchen sie mal, sich an all diese Empfehlungen zu halten, während sie sich in der Antihormontherapie befinden, ihren 30 Stunden Job nachgehen, ihr Haus und den Garten in Schuss halten und versuchen für ihren Teenager eine gute Mutter zu sein, Nachhilfelehrerin und Taxifahrerin und nebenbei ihrem selbstständigen Mann den Rücken freizuhalten. Regelmäßige Bewegung an der frischen Luft, Sport, gesunde Ernährung, Stressreduktion durch Mediation etc. all dies hätte ich in mein neues Leben integrieren sollen, aber auch mein Tag hat nur 24 Stunden. Wenn ich bedenke, dass ich bis hierhin nur 3 kg abgenommen habe, hätte ich mich am liebsten heulend und schreiend auf den Boden geschmissen. 3 kg sind einfach nur lächerlich und absolut nicht gerechtfertigt, aber mein Körper fragt nicht danach. Er denkt sich einfach, abnehmen können andere, ich speichere sämtliches Fett, was man mir zuführt für schlechte Zeiten. Jetzt mal ehrlich, wie gemein ist das eigentlich? Wir Frauen quälen uns über Jahre mit unserer Periode rum, durchleiden Unterleibsschmerzen, Kopfschmerzen, Stimmungsschwankungen des Todes und Periodenschiss währenddessen. Von vermeintlich klugen Männern um uns herum dürfen wir uns dann anhören: „Sag mal, hast du schon wieder deine Tage?" Mit Anfang 50 kommen wir dann zur Krönung noch in die Wechseljahre und leiden dabei unter Hitzewallungen, depressiven Verstimmungen, Gewichtszunahme und Libidoverlust. Finde den Fehler! Was zum Teufel ist da falsch gelaufen? Ich kann das manchmal gar nicht fassen! Für mich persönlich steht fest, im nächsten Leben werde ich ein Mann. Wichtig auch zu erwähnen, dass wir uns dabei bitte nicht beschweren dürfen, das schickt sich schließlich nicht als Frau. Frauen haben zu funktionieren, liebevoll und stark zu sein, dürfen nicht zu sensibel sein, aber eben auch nicht zu maskulin. Sie sollen gut aussehen und eine Topfigur haben, ach und nicht zu vergessen, bitte immer Lust auf Sex haben und im Bett ne Granate sein. Um es abzukürzen, ich erfüllte nur einige dieser Attribute, welche bleiben mein persönliches Geheimnis.

Meistens jedenfalls schaffte ich es, all diese Empfehlungen der medizinischen Wissenschaft umzusetzen und meinen Alltag vorbildlich zu bewältigen, aber abends war ich einfach nur müde. Um ehrlich sein, war ich eigentlich schon nachmittags am Ende, aber da tat ich noch so, also ob es mir gut ginge. Wenn mir diese Einschränkungen in meinem Leben nach dem Krebs mal wieder tierisch auf die Nerven gingen, versuchte ich mir einzureden, dass ich eben einen Tod sterben musste. Ob ich wollte oder nicht, ich musste da durch. Natürlich ist mir bewusst, dass dies der Preis ist, den wir Betroffenen mit hormonabhängigen Brustkrebs zahlen müssen. Dafür haben wir das Glück, ein Medikament nehmen zu können, welches einem Rezidiv entgegenwirkt, auch wenn dies keine Garantie ist,

aber immerhin eine deutliche Erhöhung dieser Wahrschein-
lichkeit. Dafür müssen wir mit diesen nicht unerheblichen Nebenwirkungen leben und unser neues Leben, so wie es ist,
annehmen. Äußerlich sieht man es uns nicht an, dass wir uns
nach wie vor in einer Therapiephase befinden und erst nach 5
Jahren als vollständig geheilt gelten. Ich wünschte, ich könnte
euch oder eurem Umfeld etwas anderes berichten, irgendein
Geheimrezept, mit dem sich all diese Probleme in Luft auflö-
sen würden, während dieser Zeit der Therapie. Aber das kann
ich leider nicht, denn wie beschrieben, leide ich auch unter
diesen Beeinträchtigungen, aber die meiste Zeit gelingt es mir,
mich auf das Wesentliche zu konzentrieren: Ich darf leben!
Auch wenn ich Einschränkungen habe, ich darf hier sein! Ich
bin der Chef meiner Gedanken und ich kann jetzt viel besser
als früher die kleinen Dinge des Lebens genießen. Ich nehme
mir regelmäßige Auszeiten, setze Grenzen gegenüber Menschen, was ich mich früher nicht gewagt hätte. Ich bin sanfter
zu mir selbst und schaue bei allem, was um mich herum passiert, immer aber auch wirklich immer positiv in die Zukunft.

Ich sorge für mich selbst und dies führt unweigerlich zu mehr Selbstliebe. Es ist also bei weitem nicht alles scheisse, nur eben hin und wieder anstrengend, aber wer hat auch behauptet, dass das Leben einfach wird. Für mein Umfeld ist diese neue Person sicherlich zuweilen befremdlich, denn ich habe mich verändert. Aber das erste Mal in meinem Leben ist mir dies egal. Es ist mir egal, was andere über mich und meinen Weg denken. Ich weiß, dass mein Weg der richtige ist. Mein Weg muss nicht DEIN Weg sein, jede Leserin oder jeder Leser sollte dies für sich selbst herausfinden und als Tipp:

Tut nur das, was sich für euch richtig anfühlt!

Da es in unserer Familie und in unserem Freundeskreis nie langweilig wird, bin ich mir sicher, dass das Leben in Zukunft weitere Stolpersteine und wundervolle Momente für mich bereit hält. Aber ich lehne mich zurück und vertraue darauf, dass alles gut wird und wenn ich diese Momente gesund erleben darf, bin ich die glücklichste Person auf der Welt!

Anna

Widmung

Allen Menschen, die sich zur Zeit in einer Krebstherapie befinden, wünsche ich von Herzen alles Gute und Zuversicht. Zeigt dem „Arschloch", wer der Chef ist. Wenn der Krebs den Kampf gewinnen sollte, dann seid stolz auf euch, denn ihr habt ihm die Stirn geboten, und am Ende seid ihr die wahren Helden.

Stefan, du standest immer hinter mir, hast nie an mir gezweifelt und immer an mich geglaubt. Ich liebe dich und bin dir aus tiefstem Herzen dankbar für deine Fürsorge in dieser schweren Zeit.

Meine wunderbare Tochter, so oft schaue ich auf dich auf und bewundere deine Stärke, du hast diese schwierige Lebensphase toll gemeistert und Größe bewiesen im Umgang mit dieser Erkrankung. Ich weiß, dass dies für dich zu keinem Zeitpunkt einfach war. Deine geliebte Mama so zu sehen und mit der Angst umzugehen, die diese Diagnose mit sich bringt, ist für ein Kind besonders hart. Denk immer daran, wir können schwere Dinge tun! Du bist ein besonderer Mensch und du kannst sehr stolz auf dich sein. Ich liebe dich, mein Kind!

An meine Eltern entschuldigt, dass ich euch so viel Kummer bereitet habe mit dieser Diagnose. Als Mutter mag ich mir gar nicht ausmalen, wie sich das für euch angefühlt haben muss und wie machtlos ihr daneben standet. Mama, Danke, dass du immer unser Fels in der Brandung bist und deine eigenen Bedürfnisse so oft zurückstellst. Papa, danke, dass du mir Disziplin und Durchhaltevermögen gelehrt hast, vermutlich hätte ich sonst die Therapie nicht durchgezogen.
Danke das ihr immer für uns da seid!

Meine kleine Schwester, so unterschiedlich wir auch sind, hat uns diese schwere Zeit zusammen geschweißt. Du bist oftmals gnadenlos ehrlich und das vertragen große Schwestern nicht so gut, aber ich bin wirklich froh und dankbar, dich an meiner Seite zu haben.

Meine liebe Familie, meine lieben Freunde und alle anderen, die an meiner und unserer Seite standen.

Leider würde es den Rahmen sprengen, euch einzeln zu erwähnen, es sind einfach zu viele;-)

Aber an euch alle: Danke für eure Unterstützung!

Eure Hilfe war mit nichts in der Welt zu bezahlen, ihr habt mit eurem medizinischen Wissen geholfen, habt euer Vitamin B bei Ärztinnen und Ärzten spielen lassen, hattet immer ein offenes Ohr für mich und meine Familie und standet an unserer Seite!

Ohne euch wäre es unmöglich gewesen!

Anna-Kathrin Pacak,
Jahrgang 1981, lebt mit ihrer Familie in Nordhessen.
Brustkrebs stand nicht auf meiner Agenda ist ihr Erst-
lingswerk, und das Schreiben hat ihr in der schweren
Zeit geholfen, sich neu zu finden und den Mut in dieser
schwierigen Lebensphase nicht zu verlieren.
Sie hat es sogar geschafft, der Krankheit Positives ab-
zugewinnen und ihr Leben im Hier und Jetzt bewusster
und glücklicher zu gestalten.
Privat sind ihr die Familie und ihre Freunde sehr wichtig,
ebenso sind ihr Garten und der Wald wichtige Orte, um
Kraft zu sammeln.